Carlos Hanimann
Caroline H.

Carlos Hanimann

Caroline H.

Man nennt sie die Parkhausmörderin.
Sie gilt als gefährlichste Frau der Schweiz.
Aber was, wenn sie keine Mörderin ist?
Eine Spurensuche.

Echtzeit Verlag

Der Verdacht

So geht es fast immer.
 Einer erzählt einer anderen etwas, die erzählt es dem Nächsten und der wieder weiter und so fort und irgendwann klingelt das Telefon, ich sage Hallo und der andere: «Du, ich muss dir etwas erzählen.»
 So war es auch im Herbst 2015, als mich ein Kollege anrief und mich treffen wollte. Er stand schon da, als ich kam. Wir trafen uns im Café unter der Redaktion. Unter den Arm hatte er eine aufgeschlagene Zeitung geklemmt. Wir bestellten Kaffee. In der NZZ war auf den hinteren Seiten ein Bericht abgedruckt, den man leicht hätte übersehen können. Es ging um die sogenannte Parkhausmörderin. Demnächst würde ihre Verwahrung von einem Gericht überprüft werden.
 «Schöner Zufall», sagte der Kollege. Er lächelte. «Über diesen Fall wollte ich mit dir reden.»
 Die sogenannte Parkhausmörderin Caroline H. ist die bekannteste Gefangene der Schweiz. Sie hat vor rund zwanzig Jahren zugegeben, 1991 im Parkhaus Urania im Zentrum Zürichs eine 29-jährige Frau erstochen zu haben. Caroline H. war damals gerade 18 Jahre alt. Sechs Jahre später wurde im Januar 1997 im Seepark beim Chinagarten eine 61-jährige Passantin ermordet. Beide Frauen waren zufällige Opfer, getötet ohne erkennbares Motiv. Als Caroline H. 2001 vor Gericht stand, sagte sie, sie verachte Frauen. «Ich stach zu, weil ihre Schuhe klapperten», titelte der BLICK nach dem Prozess.
 Caroline H. gilt als «gefährlichste Frau der Schweiz». Ein renommierter Gutachter beschrieb sie in einer wissenschaftlichen Studie als untypische Serienmörderin, ihr Fall

sei einzigartig in der Kriminologie, am ehesten vergleichbar mit jenem der US-Amerikanerin Aileen Wuornos, die zwischen 1989 und 1990 mehrere Männer tötete und deren Geschichte in *Monster* verfilmt wurde.

Im Dezember 2001 verurteilte das Obergericht Zürich Caroline H. zur Höchststrafe: lebenslänglich mit anschliessender Verwahrung. Zweifacher Mord, mehrfacher Mordversuch und zahlreiche Brandstiftungen, Raube, Einbrüche und Sachbeschädigungen waren ihr zur Last gelegt worden.

Der Kollege setzte sich und legte mir einen Text hin. Geschrieben hatte ihn ein Bekannter von ihm. Dieser, so sagte mein Kollege, sei überzeugt, dass im Fall von Caroline H. bis heute nicht die ganze Wahrheit ans Licht gekommen sei.

Vor mir lagen vier geheftete A4-Blätter. Auf der ersten Seite stand fett gedruckt eine Frage. Sie würde mich die nächsten vier Jahre nicht loslassen.

«Caroline H. unschuldig?»

Ich stehe vor einer verschlossenen Tür und klingle. Dahinter wartet der Mann hinter der Frage, die eigentlich eine gewaltige Unterstellung ist. Der Mann um die sechzig gilt in diesem Land in seinem Beruf als sehr erfahren und glaubwürdig. Doch sein Name, seine Biografie, sein Beruf, sein Wohnort dürfen nicht genannt werden.

In diesem Bericht nenne ich ihn «Hugentobler».

Ich werde Hugentobler während vier Jahren über ein Dutzend Mal treffen, unzählige Male mit ihm telefonieren, Erkundigungen über ihn einholen und seine Aussagen überprüfen. Aussagen, die er beteuern, bereuen, bekräftigen und wieder bereuen wird. Er zaudere aus demselben Grund, sagt er, warum er in diesem Bericht auf keinen Fall erkannt werden dürfe: «Ich fürchte um mein Leben.»

Seit zwanzig Jahren trage er ein schreckliches Geheimnis mit sich herum, das er nicht mehr länger für sich behalten wolle.

Er sei überzeugt, sagt Hugentobler, dass Caroline H. den Mord beim Chinagarten nicht begangen habe.

Hugentobler zweifelt an der Echtheit der Geständnisse. So schreibt er es im vierseitigen Aufsatz, der mich zu ihm geführt hat. Er glaubt, Caroline H. habe Polizisten, Staatsanwälte, Gerichte und die Öffentlichkeit getäuscht, als sie gestand, 1991 und 1997 zwei Frauen umgebracht und 1998 eine Buchhändlerin lebensgefährlich mit einem Messer verletzt zu haben.

Ins Gefängnis war Caroline H. zunächst wegen einer ganz anderen Sache gekommen: Im Frühling 1998 hatte sie sich freiwillig in eine psychiatrische Klinik begeben, weil sie in den Wochen zuvor zahlreiche Brände in der Stadt Zürich gelegt hatte. Die Polizei verhörte sie in der Psychiatrie. Am Abend nach der Einvernahme verpasste sie einem Sicherheitsbeamten einen Kinnhaken. Die Polizei nahm sie in Haft.

Die Brandstiftungen waren ein Rückfall gewesen. Caroline H., damals 25-jährig, hatte schon früher Brände gelegt, war fünf Jahre zuvor im Kanton Luzern zu einer mehrjährigen Zuchthausstrafe verurteilt worden. Nur knapp war die junge Frau damals einer Verwahrung entgangen.

Als die Zürcher Polizei sie im Sommer 1998 in Untersuchungshaft wegen der erneuten Brandstiftungen einvernahm, begann Caroline H. plötzlich von Albträumen zu erzählen. Sie redete von Morden mit Messern in einem Park, in Parkhäusern und Unterführungen. In diesen Träumen war sie die Mörderin. «Ich träumte, dass ich im Parkhaus eine Frau erstach», sagte sie laut Urteil der Polizei.

Der Polizist, der sie damals einvernahm, sagte mir: «Details ihrer Erzählungen machten mich stutzig. Handelte es sich bloss um Träume oder um Schilderungen der Wirklichkeit? Einmal zum Beispiel sagte sie, sie sei am Morgen nach einem Traum aufgewacht und ihre Kleider waren voller Blut.»

Die Ermittler erkannten Parallelen zu zwei ungelösten Fällen in der Stadt Zürich: dem Mord im Urania-Parkhaus und dem Mord beim Chinagarten.

Der Parkhausmord lag bereits sieben Jahre zurück, niemand glaubte mehr, er würde aufgeklärt; auch der Mord beim Chinagarten lag schon über ein Jahr zurück, Spuren gab es kaum.

Caroline H. legte für beide Morde ein Geständnis ab.

2001 wurde Caroline H. für schuldig befunden. Im Urteil des Obergerichts Zürich steht: Die Taten wurden Caroline H. «ausschliesslich aufgrund ihrer eigenen Aussagen zugeordnet»; es gab «in spurenkundlicher und erkennungsdienstlicher Hinsicht» keine Beweise.

Zu jener Zeit erschien in der NZZ ein Leserbrief. Darin wies ein Prozessbeobachter auf fehlende DNA-Spuren hin und schloss daraus, es sei «eher unwahrscheinlich», dass die Verurteilte die Täterin sei. «Der Mörder dürfte noch frei herumlaufen.»

In seinem vierseitigen Aufsatz schreibt auch Hugentobler, es gebe «keinen einzigen objektiven Sachbeweis» für die Täterschaft von Caroline H. Und dann, in einem etwas umständlich formulierten Satz auf der letzten Seite: «Nicht zuletzt wurde von einem über das Verfahren informierten Anwalt der Hinweis auf einen äusserst gewalttätigen Täter gegeben, der zum Zeitpunkt der Tat in der Gegend des Chinagartens auf der Suche nach einem Opfer war.»

Als ich Hugentobler zum ersten Mal gegenübersitze und von ihm wissen will, was dieser Satz bedeute, sagt er: «Der Mord beim Chinagarten wurde mir angekündigt. Aber nicht von Caroline H.»

Er erzählt von einem Mann, mit dem er in den neunziger Jahren Kontakt hatte, einem Handwerker. Der Mann war von seiner Freundin verlassen worden und konnte damit nicht umgehen. Er sei gekränkt und sehr aufgebracht gewesen. Er verfolgte und bedrängte die Frau, versuchte, in ihre Wohnung in der Nähe des Chinagartens einzudringen. Er tat ihr mehrmals grobe Gewalt an und verletzte sie körperlich.

Der Handwerker suchte Hilfe bei einem inzwischen verstorbenen Psychiater. Er hoffte, dieser könne die gescheiterte Beziehung vielleicht retten. Doch der Psychiater tat exakt das Gegenteil: Er forderte den Handwerker auf, die Frau ab sofort in Ruhe zu lassen.

Der Psychiater dokumentierte die Gespräche mit dem Handwerker in einem Brief, der mir vorliegt. Darin beschrieb der Arzt den «Gewalt- und Eifersuchts-Terror» seines Patienten: Wenn er seine Ex-Freundin mit einem anderen Mann in der Stadt treffe, werde er diesen niederstechen.

Der Psychiater hielt den Mann für brandgefährlich, für einen «Tyrann». Er verglich seine Persönlichkeit gar mit der eines prominenten Mörders.

Das machte den Handwerker rasend. Er drohte nicht nur seiner Freundin, sondern auch dem Psychiater. Er suchte ein offenes Ohr. Und fand Hugentobler.

Ein Treffen mit dem Handwerker raubt Hugentobler bis heute den Schlaf. Es fand Mitte Januar 1997 statt, in den Tagen, als beim Chinagarten eine Frau getötet wurde.

Immer wieder erzählt mir Hugentobler von dieser Begegnung: wie unwohl ihm war, wie er sich kaum traute, etwas zu fragen, wie zurückhaltend er sich verhielt, weil er fürchtete, dass der Handwerker komplett ausrasten könnte.

Hugentobler erinnert sich auch nach über zwanzig Jahren an Details: wo der Handwerker sass, wie er seine geballte Faust auf den Tisch sausen liess, welche Sätze er dabei von sich gab.

Er nennt den Handwerker immer nur «X». Den richtigen Namen will er mir nicht nennen – bis heute nicht. Und er äussert seine Verdächtigungen mit Bedacht. Er sagt: «Vielleicht ist das, was ich Ihnen erzähle, nur der Einwurf eines Einfältigen. Aber als ich X gegenübersass, da bekam ich es wirklich mit der Angst zu tun.»

In den Tagen bevor in einem kleinen Park beim Chinagarten eine 61-jährige Frau mit einem Teppichmesser und einem Schmetterlingsmesser getötet wurde, habe der Handwerker zu Hugentobler gesagt:

Er könne schon beweisen, dass er ein Mörder sei.

Er könne das perfekte Verbrechen begehen.

Er würde jemandem mit einem Teppichmesser das Gesicht bis zur Unkenntlichkeit verunstalten.

Und er kenne da so ein Pärklein, wo er das machen würde.

«Ich realisierte an jenem Tag, was für eine Bestie mir gegenübersass», sagt Hugentobler. «Seine Sätze haben sich mir eingebrannt. Ich hoffte damals zwar, dass es nur Geschwätz sei. Aber ehrlich gesagt, ich ahnte Schlimmes. Ich bekam richtig Angst, dass er sich gegen mich wenden könnte.»

Ein paar Tage später sah Hugentobler im Fernsehen, dass im Park beim Chinagarten eine Passantin mit zahlreichen Messerstichen getötet worden war. Der Handwerker blieb eine Zeit lang wie vom Erdboden verschluckt. Als Hugentobler den Handwerker später zufällig auf der Strasse traf, habe er, starr vor Angst, sich nicht getraut, ihn auf den Mord anzusprechen. Doch der Mann kam von sich aus darauf: «Er fragte mich, ob ich vom Mord beim Chinagarten gehört hätte. Er sagte, er habe das Opfer gekannt.»

Kann das wirklich sein, dass sich alle getäuscht haben: die Polizei, der Staatsanwalt, der Richter, die Öffentlichkeit? Sitzt für den Mord beim Chinagarten die falsche Person im Gefängnis? Kam den Behörden, die im Dunkeln tappten, eine geständige junge Frau gerade recht?

Hugentobler wiederholt seine Geschichte immer und immer wieder konsistent. Aber sie beruht auf einer Erinnerung. Könnte sie ihm einen Streich spielen?

Ich bin nicht der Erste, dem Hugentobler von seinem Verdacht erzählt. Mehrere Anwälte wissen davon Bescheid, darunter der ehemalige Verteidiger von Caroline H., auch ihr heutiger Rechtsanwalt ist im Bilde.

Ich bin nicht der Einzige, der dieser Geschichte nachgegangen ist. Ein anderer Journalist ist einer ähnlichen Spur gefolgt. Mathias Ninck war Reporter beim MAGAZIN, dann stieg er aus dem Beruf aus und wurde Sprecher des Zürcher Polizeidepartements. Er entschied sich für Fiktion und schrieb einen Roman, der Ende Oktober 2019 erschienen ist.

Das Buch *Mordslügen* handelt von einem Reporter, dem die Story seines Lebens in die Hände fällt. Eine Psychiaterin stürzt in einen Gully und stirbt fast. Der Unfall löst in ihr einen plötzlichen Sinneswandel aus. Sie verrät dem Reporter, dass ihr ein Patient vor dreissig Jahren in der Therapie einen Mord ankündigte und diesen wohl auch beging. Ins Gefängnis wanderte aber nicht ihr Patient, sondern eine geständige junge Frau. Der Reporter besucht sie im Gefängnis, sie erzählt ihm, sie habe die Geständnisse damals erfunden und die Behörden genarrt. Doch der Reporter macht Fehler – und erkennt zu spät, wen er damit gegen sich aufbringt.

Auf die offensichtlichen Parallelen angesprochen, sagt Ninck nur, er habe sich vom Fall Caroline H. «inspirieren lassen».

Hugentobler sagt, er sei übrigens nicht der Einzige, der daran zweifle, dass Caroline H. eine Mörderin sei. Er nennt die Namen zweier mit dem Dossier vertrauter Personen aus Justizkreisen. Ich kontaktiere sie.

Die erste Person sagt: Sie habe nie den Eindruck gehabt, dass Caroline H. zu einem Tötungsdelikt fähig sei. Noch dazu als so junge Frau mit einem Messer im Nahkampf.

Die andere Person sagt: Wenn sie genügend Geld hätte, würde sie sofort Privatdetektive anstellen, um die Wahrheit zu finden.

Beide äussern ihre Zweifel. Aber keine der beiden Personen will mit Namen dazu stehen. Und keine hat einen konkreten Hinweis, dass bei den Ermittlungen etwas schiefgelaufen wäre. Nur ihr Bauchgefühl, ihre persönliche Einschätzung des Falls – und das Wissen aus der Kriminologie, dass kaum ein Beweis so fehleranfällig ist wie das nackte Geständnis.

Dann erwähnen sie, dass sie von einer Person gehört hätten, die einen anderen Täter im Verdacht habe.
Hugentobler, denke ich.
Sie nennen den Namen nicht. Und ich verrate ihnen auch nicht, wer mich zu ihnen geschickt hat.

---

20. Januar 2016, 8.15 Uhr, Bezirksgericht Zürich: Anhörung von Caroline H.
Seit Caroline H. im Frühling 1998 verhaftet wurde, war sie nie mehr auf freiem Fuss. Als die «gefährlichste Frau der Schweiz» im Juni 2000 ins Frauengefängnis Hindelbank verlegt wurde, musste erst eine Sicherheitsabteilung für sie eingerichtet werden. 270 000 Franken kostete der Umbau. Das Personal benötigte Weiterbildungen und teilweise sogar Training im Nahkampf, weil sie im Ruf stand, Aufseher anzugreifen.
Über 15 Jahre lang lebte Caroline H. im Hochsicherheitsregime in Isolationshaft. Die Gerichtsreporterin Brigitte Hürlimann hat 2015 im NZZ FOLIO beschrieben, wie engmaschig Caroline H. in Hindelbank geführt wurde. «Wie lebendig begraben», lautete die Überschrift der Reportage.
Caroline H. schlief allein, ass allein, arbeitete allein in einer für sie eingerichteten Arbeitszelle direkt unter ihrer Wohnzelle. Wenn sie sich einmal täglich im sieben mal acht Meter kleinen Hof bewegen durfte, konnte sie manchmal am Zaun mit anderen Gefangenen reden.
Heute hat sie eine einzige Gefährtin: die Katze «Cenarius». Die Katze «Zeus», die früher mit ihr lebte, ist mittlerweile gestorben. Sporadisch darf Caroline H. gemeinsam mit anderen Gefangenen essen.

An diesem Mittwochmorgen, dem 20. Januar 2016, ist Caroline H. in aller Frühe aufgestanden, um von Hindelbank nach Zürich gefahren zu werden. Um halb sechs ging es los. Sie ist noch müde, als der Richter Sebastian Aeppli sie begrüsst und fragt, wie es ihr gehe.

Jahrelang haben Caroline H. und ihr Anwalt Matthias Brunner für diese Anhörung gekämpft. Sie wollen, dass das Gericht die ordentliche Verwahrung von Caroline H. in eine stationäre Massnahme umwandelt. Mehrmals haben verschiedene Gerichte dieses Anliegen in den letzten Jahren abgelehnt, zuletzt ohne Caroline H. in einer Verhandlung mündlich zu befragen.

Stets war die Begründung dieselbe: mangelnde Aussicht auf Therapieerfolg.

Das Gericht verurteilte Caroline H. im Jahr 2001 zu mehr als einer lebenslangen Gefängnisstrafe. Es ordnete zudem eine Massnahme nach Artikel 64 des Strafgesetzbuches an: Caroline H. ist auf unbestimmte Zeit verwahrt. Ziel der Massnahme ist der Schutz der Bevölkerung vor einer besonders gefährlichen Täterin, bei der eine stationäre Therapie keinen Erfolg verspricht.

Genau das will Caroline H. an diesem Morgen aber ändern: dass die Massnahme zugunsten einer milderen angepasst wird und eine deliktorientierte Therapie in den Vordergrund rückt.

Das würde bedeuten: eine realistische Chance auf Vollzugslockerungen, regelmässige Therapien, Kontakt zu anderen Gefangenen, Freizeitaktivitäten im Gefängnis. – Keine grossen Annehmlichkeiten. Aber lebenswichtige Verbesserungen für eine Frau, die jetzt 46 Jahre alt ist und fast zwanzig Jahre in Einzelhaft verbracht hat.

Darum geht es an diesem Tag im Kern: dass Caroline H. ein menschenwürdiges Leben im Gefängnis führen kann.

Ich sitze in der vordersten Zuschauerreihe, zwei Schritte von Caroline H. entfernt. Sie trägt ein hellblaues Sweatshirt, kurze, blonde Haare – und Fesseln an den Händen.

Das ist unüblich. Aber Caroline H. trägt die Handschellen auf eigenen Wunsch. Das hatte sie schon beim Mordprozess im Dezember 2001 getan. Auch bei einer späteren Gerichtsverhandlung trug sie Fesseln. «Es ist mir lieber so», sagt sie dem Richter am Morgen.

Richter Aeppli fällt an diesem Tag keinen Entscheid. Er befragt Caroline H., hört den Argumenten von Verteidiger Matthias Brunner und Staatsanwalt Martin Bürgisser zu. Am Ende der Verhandlung gibt er ein neues psychiatrisches Gutachten in Auftrag. Die bisher erstellten schienen ihm offenbar zu wenig eindeutig.

Voraussetzung für eine deliktorientierte Therapie ist, dass die Täterin über ihre Taten redet und reflektiert. Nur dann gilt eine Therapie als aussichtsreich. Kann das Caroline H.? Diese Frage konnten die bisherigen Gutachter nur ungenügend klären.

Richter Aeppli will es selbst wissen. Er fragt Caroline H., worüber sie mit ihrer jetzigen Therapeutin redet, die sie einmal pro Woche sieht.

«Was halt grad ansteht», sagt H. «Über soziale Interaktionen. Wie ich damit umgehe. Ich habe manchmal Mühe mit anderen Leuten.»

«Sie reden aber auch über Gewaltgedanken?»

«Das möchte ich hier nicht unbedingt ausführen.»

«Sie müssen hier nicht sagen, was Sie in der Therapie besprechen. Aber Sie reden dort darüber?»

«Ich lebe schon viele Jahre damit. Ich kann eigentlich gut damit umgehen. Wenn ich gewisse sadistische Fantasien habe, Gedanken, die nicht in eine gute Richtung gehen, dann soll ich in der Therapie darüber reden.»

Der Richter zitiert aus dem Vollzugsjournal, einer Art Protokoll über den Gefängnisaufenthalt von Caroline H. Er befragt sie zu ihren sadistischen Fantasien: «Eintrag vom 22. 4. 2015: Sie denken bildhaft an nackte Frauen, die sie umbringen könnten.» Oder: «Hier steht, Sie hätten gesagt: Ich habe halt manchmal schon Lust, wieder jemanden zu ermorden. Am nächsten Tag sagten Sie, Sie hätten zwar keine Lust mehr, aber Lust, jemanden zu schlagen.»

Caroline H. antwortet ausweichend, erklärt, wie schwer es ist, innerhalb der Gefängnismauern Aggressionen abzubauen. Die Anhörung plätschert dahin.

Und dann erwähnt der Richter etwas, das in Justizkreisen offenbar schon länger bekannt ist, von dem ich aber nie zuvor gehört oder gelesen habe: dass Caroline H. die Morde inzwischen bestritten und ihre Geständnisse widerrufen hat.

«Sind die Delikte in der Therapie auch Thema?»

«Ja.»

«Sie wurden 2001 verurteilt, unter anderem für den Mord im Urania-Parkhaus und für den Mord beim Chinagarten. In der Hauptverhandlung vor 15 Jahren sagten Sie, Sie waren das. Seit 2004 sagen Sie aber, Sie waren das nicht.»

«Ja. Ich möchte das nicht gross weiter ausbreiten. Ich will nicht über die Delikte reden.»

«Verstehen Sie mich nicht falsch. Wenn Sie das gemacht haben, dann müssen Sie ja aber in der Therapie darüber reden. Wenn Sie es nicht gemacht haben, dann können Sie nicht darüber reden.»

«Ich bin nicht zu Unrecht verurteilt worden.»

Richter Aeppli ist nicht zufrieden mit den Antworten. Er hakt nach: «Waren Sie es?»

«Es ist ein schwieriges Thema. Ich rede so weit darüber, wie es möglich ist. Es ist kompliziert. Ich will nicht, dass jemandem etwas passiert. Es geht um die Zukunft.»

Nach der Verhandlung rufe ich Hugentobler an. «Wussten Sie, dass Caroline H. die Geständnisse widerrufen hat?», frage ich.

«Nein. Das wusste ich nicht.»

«Ich verstehe das nicht. Sie redet offen über ihre Gewaltfantasien. Sie sagt, sie sei gefährlich. Sie gesteht zwei Morde. Dann bestreitet sie die Taten wieder, offenbar schon seit 2004. Und jetzt, wo der Richter fragt, ob sie es war, sagt sie nichts. Was soll das?»

Langsam dämmert mir: Entweder kann Caroline H. nicht über die Taten reden, weil sie sie nicht begangen hat. Oder sie ist eine Mörderin, und ein Widerruf würde als uneinsichtig gewertet werden und damit ihre Chancen auf Verbesserung in Haft zunichtemachen. Was stimmt? Über ihre Motive kann man nur spekulieren. Aber es ändert nichts am Kern: dass Caroline H. ihre Geständnisse bereits 2004 in Therapie widerrufen hat.

«Verstehen Sie eigentlich, was das bedeutet?», sagt Hugentobler am Telefon. «Die Mordfälle im Urania-Parkhaus und beim Chinagarten sind nicht gelöst. Wir haben in Zürich zwei ungeklärte Morde.»

«Die gefährlichste Frau der Schweiz»

Am 5. Juli 1999 treten Zürcher Polizei und Staatsanwaltschaft vor die Presse und melden, sie hätten zwei Tötungsdelikte in der Stadt Zürich geklärt. Silvia Steiner, damals Chefin der Kriminalpolizei, heute Vorsteherin der Bildungsdirektion, und Staatsanwalt Edwin Lüscher loben die akribische Polizeiarbeit. Ein «ausgeprägter kriminalistischer Spürsinn» habe die Ermittler der Stadtpolizei zum Täter geführt: zur 26-jährigen Caroline H.

Der BLICK titelt am nächsten Morgen auf Seite 1: «Der Mörder ist eine Frau.» Darunter: «Im Urania-Parkhaus mitten in Zürich wird am helllichten Tag eine Frau erstochen. Beim Chinagarten am See wird eine 61-Jährige regelrecht abgeschlachtet. Was niemand erwartet hatte: Der Mörder ist kein brutaler Sex-Gangster – sondern eine junge Frau.»

In den folgenden Tagen setzen die Medien Stück für Stück die Biografie von Caroline H. zusammen: «Messer-Mörderin: Sie legte schon als Schülerin Brände»; «Messer-Mörderin: So versagte die Justiz»; «Ich habe gewusst, dass diese Frau gefährlich ist».

Bis zu ihrem Prozess und ihrer Verurteilung im Dezember 2001 wird Caroline H. zum nationalen Faszinosum.

Wer ist Caroline H.? Ein Monster? Ein Sonderling? Ein Beweis für die steigende Gewaltbereitschaft von Frauen? Die Interpretationen gehen in alle Richtungen. Niemand kennt einen vergleichbaren Fall. Der BLICK erklärt sie zur «gefährlichsten Frau der Schweiz».

Nach ihrem Geständnis beschäftigte vor allem eine Frage: Warum?

Der Psychiater Andreas Frei, der ein Gutachten für die Gerichtsverhandlung im Jahr 2001 verfasste, nannte explizit Hass auf Frauen als Motiv. Er sagte mir, Caroline H. habe Frauen gehasst, weil sie sie für schwach hielt.

Der Psychiater Josef Dossenbach, der sie Anfang der neunziger Jahre wegen über vierzig Brandstiftungen in der Innerschweiz befragt hatte, schrieb in seinem Gutachten über ihre Persönlichkeit: «Sie erlaubt sich keine Schwäche. Sie verachtet Schwäche, ja sie hasst Schwäche. Sie (...) hatte aber auch immer wieder grosse Lust, schwache Menschen zu zerstören. Sie verehrte die Stärke, sie verehrte die Polizei als Ausdruck dieser Stärke.»

Auch der Polizist, dem sie die Morde gestand, erkannte darin das Motiv. Er sagte mir: «Sie hat Macht ausüben wollen. Wenn sie sah, dass jemand Angst vor ihr hatte, dann hat ihr das Befriedigung gegeben.»

Caroline H. stammt aus einfachen Verhältnissen. Der Vater war Schreiner, die Mutter Hilfsarbeiterin. Die Eltern waren aus Österreich eingewandert: zunächst nach Appenzell, wo das junge Paar heiratete, später nach Uri, wo die einzige Tochter, Caroline H., am 16. Januar 1973 im Spital Altdorf zur Welt kam. Nach der Geburt zog die junge Familie in einen anderen Kanton in der Innerschweiz. Der Vater hatte Arbeit gefunden. Die Mutter wurde Hausfrau.

Als Kind war Caroline H. laut dem Psychiater Andreas Frei unauffällig. So schrieb er es im psychiatrischen Gutachten für den Mordprozess im Jahr 2001. Sie mochte Tiere, Hunde ganz besonders. Ihr Berufstraum war zunächst Hundecoiffeuse oder Tierärztin.

Die Schule war für Caroline H. eine Qual. Sie war eine Aussenseiterin und wurde von anderen Kindern geplagt. Aber sie wusste sich zu wehren und gab mit Streichen zurück. Sie fand Anschluss in einer Bubenclique, besass ein frisiertes *Töffli*. Mit 13 Jahren haute sie nach Basel ab, ohne ihren Eltern Bescheid zu sagen. Sie habe sich die Stadt ansehen wollen.

Mit der Zeit wurden ihre Streiche dreister. Einmal trieb sie die Kühe eines Bauern in eine Scheune, wo diese alles Heu frassen.

Manchmal half sie ihrem Vater in der Schreinerei, das gefiel ihr. In der Realschule hatte sie gute Noten und lag über dem Klassendurchschnitt, ausser im Sport. Sie plante eine Bürolehre. Lieber wäre sie allerdings Polizistin geworden. Das war ihr wahrer Traumberuf, sagte sie einmal einem Psychiater, weil man da viel mit Menschen zu tun hat.

Mit 16 Jahren machte Caroline H. ein Au-Pair-Jahr in Neuchâtel. Das Jahr veränderte ihr Leben. Sie fühlte sich offenbar gedemütigt, ausgenützt, schlecht behandelt. Einem Gerichtspsychiater sagte sie später, die Erlebnisse verfolgten sie bis in ihre Albträume. Was genau vorgefallen war, verschwieg sie. Sie fürchtete, es würde sonst vor Gericht thematisiert, in aller Öffentlichkeit, in Anwesenheit der Presse. Später äusserte sie sich doch dazu. Sie sagte, der Gastvater habe sie vergewaltigt. Diese Aussage zog sie zurück. Sie sei bloss wütend auf die Gastfamilie gewesen, weil sie sie so schlecht behandelt habe.

Zwei Jahre nach dem Au-Pair-Jahr reiste Caroline H. zurück zum Neuenburger Wohnort der Gastfamilie. Sie nahm eine Pistole mit, die ihr ein Bekannter beschafft hatte, und wollte das Ehepaar erschiessen. Doch in letzter Minute verliess sie der Mut. Das sagte sie später den Ermittlern.

Caroline H. begann eine Bürolehre in einem Kleinbetrieb. Die Arbeit überforderte sie. Am Weihnachtsessen der

Firma betrank sie sich und rastete aus. Man erzählte ihr, sie habe auf die Leute losgeschlagen, man habe sie zu dritt festhalten müssen, obwohl sie nicht kräftig war. Selbst erinnerte sie sich kaum. Nach nur einem halben Jahr verlor sie die Stelle.

Der Verlust der Lehrstelle war der zweite tiefe Einschnitt in ihrer Jugend. Ein halbes Jahr war Caroline H. erwerbslos. Sie besuchte die Berufsschule und schrieb «wie verrückt» Bewerbungen, wie sie der Polizei sagte. Wenn sie unterwegs war, trug sie ein Butterfly-Messer bei sich, schlitzte Autoreifen auf und klaute Portemonnaies.

Ihrer Psychotherapeutin sagte Caroline H. zu dieser Zeit, sie werde den erstbesten Menschen, der ihr begegne, umbringen. Anfang 1991 meldete sich die Therapeutin bei der Polizei, weil Caroline H. sie mit dem Tod bedroht hatte und sie sich vor ihrer Patientin fürchtete.

Im Juli 1991 fand sie schliesslich eine Lehrstelle als Verkäuferin in einem noblen Geschirrgeschäft in Luzern. Den Job fand sie langweilig. Sie störte, dass sie gepflegte Kleidung und Schminke tragen musste.

Sie führte ein Doppelleben. In ihrer Freizeit experimentierte sie mit Brandbeschleuniger und Brennpaste, lernte, wie man Rohrbomben baut. Das Wissen habe sie bei Anarchisten in Zürich gelernt, erzählte sie später einem Psychiater.

Den ersten Brand legte sie eher zufällig. Anfang 1991 wollte sie jemanden aus einer Telefonkabine anrufen. Doch der Telefonapparat war kaputt. Das machte sie wütend. Caroline H. zündete die Telefonbücher an, die damals noch in jeder Kabine hingen.

Hin und wieder klaute sie Handtaschen. Vereinzelt brach sie ein, nicht wegen des Geldes, sondern wegen des Nervenkitzels. Ihr Hobby aber war das *Zeuseln:* Sie freute sich über jedes Feuer und sammelte die Zeitungsberichte, die darüber geschrieben wurden.

Im Frühling 1992 schloss sie sich auf einer Zugtoilette ein und schrieb auf eine Serviette: «Ich bin ein Brandstifter. Heute Nacht gibts den zweiten Grossbrand in Luzern. Ich kanns nicht lassen.»

Wenige Tage später loderte der Dachstock eines Geschäftshauses in der Luzerner Altstadt. Ein Grossbrand mit Millionenschaden.

Am nächsten Tag fiel sie der Polizei im Bahnhof Luzern auf und wurde festgenommen. Sie gab zu, diverse Brände gelegt zu haben. Als die Polizei die Wohnung ihrer Eltern durchsuchte, fand sie einen Ordner von Caroline H. Der Inhalt: Ausgeschnittene Zeitungsartikel über die Brände, die sie gelegt hatte. Einem Gerichtspsychiater erzählte sie später, sie sei damals erleichtert gewesen: Die Verhaftung habe ihrem Treiben endlich ein Ende gesetzt.

1993 wurde Caroline H. für über vierzig Brandstiftungen in der Innerschweiz angeklagt. Von Telefonkabinen über Schuppen zu grossen Gebäuden – die Luzerner Staatsanwältin Marianne Heer erkannte in der steilen Eskalationskurve der Delikte eine grosse Gefahr. Sie tat im Fall von Caroline H. etwas, das sie nie wieder tun würde: Sie forderte die Verwahrung.

Die damalige Staatsanwältin Heer ist heute Kantonsrichterin in Luzern und gilt als entschiedene Gegnerin der Verwahrung. Im Frühling 2018 interviewte ich Marianne Heer für das Onlinemagazin REPUBLIK und sprach mit ihr über die Zweifel, die eine Richterin beim Fällen von Urteilen beschleichen. Ihre Forderung von damals, Caroline H. zu verwahren, findet sie bis heute richtig. Sie sagte im Interview: «Die [Brände] waren immer gefährlicher geworden, die Frau trat gegenüber allen Leuten dermassen aggressiv auf, dass ich überzeugt war: Diese Frau darf man nicht auf die Öffentlichkeit loslassen.»

Das Kriminalgericht folgte Heers Anträgen: Viereinhalb Jahre Zuchthaus und die Verwahrung der 20-jährigen Caroline H.

Das Luzerner Obergericht korrigierte den Entscheid ein Jahr später. Der Gerichtspsychiater verfasste ein erneuertes Gutachten und schrieb darin, man müsse auch «dem kleinsten Licht in der Finsternis grosse Bedeutung zumessen». Er schlug eine Therapie statt einer Verwahrung vor. Das Obergericht folgte ihm. Es verkürzte die Strafe auf 3,5 Jahre und sah von einer Verwahrung ab.

«Man hätte sie verwahren sollen», sagte mir Marianne Heer rückblickend. «So wäre das zweite Tötungsdelikt [beim Chinagarten] verhindert worden.»

Niemand ahnte, dass Caroline H. vielleicht längst mehr getan haben könnte, als Brände zu legen. Während der ganzen Strafuntersuchung deutete sie mit keinem Wort an, dass sie im Juni 1991, also noch vor ihren grossen Brandstiftungen, offenbar bereits eine Frau im Urania-Parkhaus in Zürich getötet hatte. Dabei hatten die Ermittler im Luzerner Verfahren durchaus Hinweise darauf gehabt, dass Caroline H. gefährlich sein könnte. Sie wussten zum Beispiel, dass sie Anfang 1991 Morddrohungen gegen ihre Psychotherapeutin ausgestossen hatte. Den Ermittlungsbehörden sagte sie während der Strafuntersuchung im Februar 1992: «Diese Frau muss man früher oder später umbringen. Sie läuft mir ja nicht davon. Es ist halt so. Es ist doch normal. Andere Leute bringen auch andere Leute um.»

Ganz anders tönte Caroline H., als sie sich im Frühling 1991 einem entfernten Bekannten in einem Brief anvertraute. Darin beklagte sie sich darüber, dass sie immer gleich als kriminell angesehen werde. «Es ist nicht wahr, dass ich alle Menschen hasse und verachte, wie die Polizei behauptet.» Auch was die Therapeutin über sie erzähle, stimme nicht.

Sie sei nicht gemeingefährlich. Der Therapeutin habe sie bloss gedroht, weil sie sie an ihre Gastmutter im Welschland erinnerte und eine Wut in ihr ausgelöst habe. «Trotz allem mag ich den Kontakt zu Menschen», schrieb Caroline H. im Brief, «und zu einem Mord wäre ich nicht in der Lage. Bis jetzt habe ich so viele Enttäuschungen erlebt, dass es mir schwerfällt, noch jemandem zu trauen.»

Zwei Monate später, am 26. Juni 1991, wurde im Parkhaus Urania in Zürich eine junge Frau getötet. Vier Tage danach trat Caroline H. ihre neue Lehrstelle im noblen Geschirrgeschäft in Luzern an.

Mord im Urania-Parkhaus

Parkhaus Urania. Zürich Zentrum. Eine Tiefgarage wie jede andere: Kalter Beton und warme Abgasluft, dunkle Ecken und hallende Schritte. Nur etwas unterscheidet dieses Parkhaus von anderen: Hier wurde im Sommer 1991 eine 29-jährige Frau getötet.

Es ist ein sonniger Tag, als ich die Rampe zur Tiefgarage hochgehe. Noch bevor man zu den Aufzügen gelangt, kommt man an einem Nebeneingang vorbei. Er ist leicht zu übersehen. Er führt nicht ins Parkhaus, sondern in eine andere Zeit: Hier befindet sich das Zürcher Polizeimuseum.

Hugentobler hat mir davon erzählt. Die Polizei stelle darin alte Originale aus: Uniformen, Waffen, Material über historische Kriminalfälle. Auch die Tatwaffen, mit denen Caroline H. zwei Frauen umgebracht hat, seien dort zu sehen – ein Teppichmesser und ein aufklappbares Butterfly.

Neun Pensionäre betreiben das Polizeimuseum, das seit den neunziger Jahren besteht. In den gleichen Räumen war nach 1968 die «Autonome Republik Bunker» entstanden, das erste autonome Jugendzentrum der Stadt Zürich. Heute führen pensionierte Polizisten rund hundertzwanzig Mal im Jahr durch den Bunker. Wer kommen will, muss sich anmelden. Ein ehemaliger Polizist namens Erwin Zürcher zeigt mir, wie die Welt der Polizei früher aussah: alte Uniformen, alte Motorräder, alte Dienstwaffen, eine alte Abhöranlage, alte Fahndungsbücher.

Ein paar Stockwerke über dem Pausenraum des Museums, in dem Zürcher von früher erzählt, soll Caroline H. im Juni 1991 eine 29-jährige Frau getötet haben. Sie benutzte ein Klappmesser, ein Butterfly, aber die Waffe wurde nie gefunden. Die Polizei kam nach wenigen Minuten. Zu spät. Ein Zeuge sagte, er habe zwei «südländisch» aussehende Typen gesehen, die das Parkhaus eilig über den oberen Ausgang verlassen hätten.

Wegen des Femizids im Urania-Parkhaus wurden Frauenparkplätze geschaffen. Die SVP zog mit dem Thema Kriminalität in den Wahlkampf und schaltete im Herbst 1993 in den Zeitungen das berüchtigte Messerstecher-Inserat. Christoph Blocher, der Übervater der Partei, hält es für das beste Sujet der Parteigeschichte: Eine dunkle Gestalt mit einem Messer sticht auf eine Frau mit Tasche und Autoschlüssel ein. «Das haben wir den Linken und ‹Netten› zu verdanken: mehr Kriminalität, mehr Drogen, mehr Angst.»

Die Partei setzte die Kampagne bloss wegen des schlechten Timings ab: Fast zur gleichen Zeit tötete der Vergewaltiger und Mörder Erich Hauert auf Hafturlaub am Zollikerberg die 20-jährige Pfadiführerin Pasquale Brumann. Das Opfer war ihm zufällig begegnet. Der Mord löste in der Öffentlichkeit grosse Empörung und Anteilnahme aus. Obwohl das SVP-Plakat eigentlich auf den Parkhausmord anspielte, wurde es in der Öffentlichkeit mit dem Mord am Zollikerberg in Verbindung gebracht und als pietätlos empfunden.

Ein schlaksiger Mann mit Schnauz betritt den Pausenraum. «Kriminaltechnischer Dienst», sagt Ex-Polizist Zürcher und zeigt mit dem Kinn auf den Neuankömmling. Unzählige Leichen habe der in seiner Karriere fotografiert. Der Mann nickt. «Sicher dreihundert Leichen.»

Er verschwindet in einem Nebenraum und kehrt mit einem dicken Buch zurück. Ein Fotoalbum. Er legt es auf den Tisch und blättert durch die Leichenschau in Schwarz-Weiss: eine aufgeschwemmte Wasserleiche, ein zerfetzter Rumpf auf einem Bahngleis, ein hagerer Männerkörper mit weggesprengtem Hinterkopf. Und überall: grosse schwarze Flecken, riesige Blutlachen.

Ich schaue dem Kriminaltechniker in die Augen und stelle Fragen: Wie sind Sie mit so viel Gewalt im Alltag umgegangen? Wurde Ihnen nie übel? Gingen Sie gerne zur Arbeit? Trugen Sie die Bilder mit sich rum? Konnten Sie abends gut einschlafen? Wie haben Sie das verarbeitet? Und was ist mit psychologischer Betreuung?

«Psychologische Betreuung?»

Er wischt die Wörter weg wie eine lästige Fliege. «*Nüüt.*»

Vom Mord im Urania-Parkhaus hat er keine Bilder. Dafür einen Haufen andere. Er zeigt aufs Album.

Dirnenmord im Niederdorf.

Er blättert um.

Eine nackte Frau mit gespreizten Beinen und aufgeschlitzter Kehle.

Er blättert weiter.

Ein russiges Haus in der Nacht, vom Blitz hell erleuchtet.

Blättern.

Ein verkohltes Skelett.

Blättern.

Ein dunkler, aufgedunsener Männerkörper. «Schauen Sie nur, wie schwarz der ist! Das ist nicht *öppen* ein Neger, nein. Das kommt von der Verwesung.»

Er macht weiter, bis die Putzfrau den Raum betritt. Er winkt sie heran und zeigt auf das Buch: «Hast du schon mal so etwas gesehen?»

«Herr Zürcher», sage ich. «Zeigen Sie mir jetzt bitte die Ausstellung über Caroline H.?»

Es war kurz vor 15 Uhr, als Caroline H. das Parkhaus Urania betrat. Laut den Beschreibungen in der Anklage und im Urteil geschah Folgendes: Sie fuhr mit dem Fahrstuhl hoch und runter und wartete jeweils ein paar Minuten auf ein mögliches Opfer. In der Hand hielt sie ein Butterfly-Messer. Klingenlänge: acht bis zehn Zentimeter.

Der Parkplatz 713 war leer, sodass der Wartebereich vor den vier blauen Fahrstühlen im 7. Stock nicht ganz so eng wirkte. Von der Wand glänzten ein roter Abfallkübel und ein Aschenbecher. Eine grosse Tafel warnte: Rauchen verboten.

Hier sah Caroline H. ihr Opfer. Dann packte sie sie an der Kleidung und stach zu. Das Messer traf die Hauptschlagader. Das Opfer starb innert kürzester Zeit. Laut den Prozessakten muss Caroline H. den Tatort schnell verlassen haben.

Eine 29-jährige Frau, die gerade ein Festkleid in Zürich abgeholt hatte, war mit klackernden Stöckelschuhen durch die Tiefgarage gegangen. *Klacklacklac,* das hatte Caroline H. in Rage versetzt, sagte sie später. Sie stach zu, floh, wusch sich die Hände im Brunnen auf dem Werdmühleplatz direkt neben der grossen Polizeiwache Urania und verschwand im Nirgendwo.

Sie hinterliess keine Spuren. Zurück blieb die Leiche einer jungen Frau in einer ratlosen Stadt, die verzweifelt einen Mörder suchte.

Alles muss schnell gegangen sein. Nur drei Minuten nachdem das Opfer das Einfahrtticket gezogen hatte, wurde die Polizei über den Notruf 117 verständigt. In dieser kurzen Zeit fuhr das Opfer hoch, parkte, stieg aus dem Wagen und muss vor dem Fahrstuhl auf die Täterin gestossen sein. Die Handtasche des Opfers fand man im Treppenhaus, eineinhalb Stockwerke tiefer, das Portemonnaie fehlte. So erzählte es der ermittelnde Kommissar bald darauf der Presse.

Von der Polizeiwache Urania bis zum Parkhaus sind es nur knapp hundert Meter. Doch als die Polizei eintraf, waren bereits alle verschwunden: die Täterin – und mögliche Zeugen.

Rund zwanzig Personen arbeiteten am Tatort: Erkennungsdienst, Kriminalfotodienst, wissenschaftlicher Dienst, Gerichtsmediziner, Bezirksanwalt, Kriminalpolizisten. Aber die Polizei kam mit ihren Ermittlungen nicht vom Fleck.

Ein halbes Jahr nach dem Mord im Urania-Parkhaus sagte der leitende Kriminalkommissar Marcel Frieden dem TAGES-ANZEIGER: «Wir haben praktisch keine Spuren, einfach nichts.»

Keine Spuren, kein Motiv, keine Waffe. Es gab nur einen Hinweis: Die Zeugenaussage, wonach zwei «südländische» Männer den oberen Ausgang des Parkhauses verlassen hätten.

Die Polizei gab sich sechs Monate nach der Tat resigniert. Man hoffe jetzt auf «Kommissar Zufall» oder «glückliche Umstände».

Museumsführer Zürcher zeigt auf einen Glaskasten im Bunker. «Messerstecherin und Feuerteufel in Zürich und Luzern» steht oben in Maschinenschrift. Blaues und rotes Neonlicht fallen auf schwarz-weisse Fotografien.

Tatort Urania: Ein Pressefoto aus dem BLICK, die Lifttür steht offen, vor dem roten Kübel und dem Aschenbecher ist am Boden mit weisser Farbe die Silhouette eines Körpers gezeichnet. Wie im Film: Ein Arm hängt schlaff runter, der andere ist gebogen.

Tatort Chinagarten: Verdorrte Blätter am Boden, im Hintergrund die nackten Äste eines Gebüschs, vorne liegt ein Teppichmesser, daneben steht ein Dreieck mit dem Buchstaben C darauf. Es markiert die Fundstelle einer möglichen Spur: der Tatwaffe.

Tatort Kirchgasse: Bücher und lose Blätter liegen am Boden, auf den ersten Blick das wohlgeordnete Durcheinander einer Buchhandlung, auf den zweiten Blick erkennt man das wahre Chaos – und eine grosse, schwarze Blutlache. Die Spuren eines Kampfes um Leben und Tod, den die 76-jährige Buchhändlerin schwer verletzt überlebt.

Unter den Tatortfotografien liegen die Tatwaffen: ein Teppichmesser mit roter Fassung, ein Stein, ein ausgeklapptes und ein eingeklapptes Butterfly-Messer. Es sind nicht die echten, es sind Waffen vom gleichen Typ.

Zürcher geht weiter und sagt: «Die hatte halt einen Hass auf Frauen. Lauerte ihrem Opfer auf. Hörte die Absatzschuhe. Und die sind ihr auf die Nerven gegangen. Hat sie zumindest im Gericht gesagt.»

Mord beim Chinagarten

Ein eisiger Winterabend im Januar 2019. Farbige Lichter tanzen auf dem schwarzen Wasser des Zürichsees. Es ist so still, dass man glauben könnte, die Kälte hätte alles Lebendige verschluckt.

Hin und wieder ist das Rauschen eines vorbeifahrenden Autos von der Bellerivestrasse zu hören. Der Kies knirscht, wenn eine Joggerin mit Stirnlampe vorbeiläuft. Die Wiese vor dem Chinagarten ist kalt, leer und dunkel. Nur eine Stelle ist noch finsterer: der kleine Park im Park, gleich hinter den Rhododendronbüschen.

Hier wurde vor 22 Jahren die Leiche einer 61-jährigen Frau gefunden.

Caroline H. befand sich seit rund drei Monaten in Untersuchungshaft und hatte verschiedene Brandstiftungen im Raum Zürich zugegeben, als sie im September 1998 in einer Vernehmung sagte, dass sie von einem Tötungsdelikt träume: «Dass ich mich in einer Parkanlage am Abend verstecke und warte, bis eine Frau alleine daherkommt.»

Was am 22. Januar 1997 beim Chinagarten genau geschah, konnte das rechtsmedizinische Institut nicht rekonstruieren. Aber wenige Tage nach ihren ersten Aussagen führte die Polizei Caroline H. an den Tatort. Im Anschluss an die Tatortbegehung sagte sie, der Traum sei keine Fiktion, sondern Wirklichkeit. Caroline H. legte ein Geständnis ab und offenbarte dabei laut Urteil auch Täterwissen. Der psychiatrische Gutachter sah ebenfalls keinen Grund, an den Aussagen von Caroline H. zu zweifeln.

Demnach kam Caroline H. an jenem Mittwochabend im Januar 1997 von der Arbeit, stieg am Bahnhof Stadelhofen aus der S-Bahn, ass eine Bratwurst und trank eine Stange Bier.

Sie wollte eigentlich ins Niederdorf, in die «Züri-Bar» oder in ein Pub. Aber es war erst kurz nach 19 Uhr und um diese Zeit dort wenig los. Also spazierte sie dem See entlang Richtung Zürichhorn. Sie schlenderte zwischen Tinguely-Skulptur und Ententeich herum und wartete auf eine unbekannte Frau. Diese wollte sie erschrecken und töten. In einer Einvernahme sagte sie, das gehöre zusammen. «Sonst ist es für mich nicht vollständig.»

Als sich die 61-jährige Frau näherte, soll Caroline H. auf sie zugegangen sein, in der Hand ein orangefarbenes Teppichmesser mit ausgefahrener Klinge.

«*Was wänd Sie?*», soll das Opfer gefragt haben. Caroline H. antwortete nicht, sondern ging um die Frau herum, schlang ihr die Hand um den Hals und legte ihr das Messer an den Hals.

Das Opfer wehrte sich und schrie. Caroline H. schnitt ihr die Kehle durch, auf 16 Zentimetern Länge.

«Vor dem Blut hat es mich *gegrust*», sagte Caroline H. später den Ermittlern.

Die Frau gab nicht auf. Caroline H. stach auf sie ein, bis die Klinge brach. Dann warf sie den Cutter weg und zog ein Butterfly-Messer aus ihrer Gesässtasche. Damit stach sie wieder auf das Opfer ein, auch als es bereits am Boden lag. Insgesamt über dreissig Mal. Dann ging Caroline H. zum See, wusch Hände und Messer und kehrte zurück, um zu sehen, ob das Opfer wirklich tot war. Sie nahm einen rund 1,3 Kilogramm schweren Stein und schlug der Frau mehrmals auf den Kopf. Dann wurde es still. Sie zog die Leiche an den Füssen vom Kiesweg weg zu den Rhododendronbüschen und kehrte zurück Richtung Stadt.

So steht es im Urteil.

In der Schlusseinvernahme durch die Staatsanwaltschaft zwei Jahre nach der Tat im Mai 1999 konnte Caroline H. nicht mehr genau angeben, was sie nach dem Mord tat. Sie sei ins Niederdorf, wisse aber nicht mehr, in welche Lokale, jedenfalls zwei oder drei verschiedene. Sie sei ja blutverschmiert und schmutzig gewesen und habe nicht stundenlang im gleichen Lokal sitzen können. An diesem Abend habe sie «richtiggehend Bier gesoffen».

Am nächsten Morgen sei sie erschrocken: Blut, Laub und Schmutz klebten an ihren Kleidern. Sie wusch Jacke und Schuhe zweimal. Den Rest warf sie in einen Abfallsack und entsorgte ihn. Allerdings, sagte Caroline H., sei sie nicht ganz sicher, ob sich an jenem Morgen alles so zugetragen habe.

Sie las keine Zeitung und sprach mit niemandem darüber. Sie redete sich ein, das Ganze sei nur ein Traum gewesen. Sie verdrängte es. Bis sie Albträume heimsuchten. Caroline H. träumte von Morden mit Messern in einem Park, Parkhäusern und Unterführungen.

Ich spaziere vom Zürichhorn stadteinwärts. Langsam verlasse ich die dunkle Kälte des Seeparks, in der Ferne leuchten die Lichter der Stadt. Ich denke an die Geschichte, die mir Hugentobler erzählte: vom Handwerker, der ihm sagte, er wüsste, wo er das perfekte Verbrechen begehen könnte. Dass er jemandem mit einem Teppichmesser das Gesicht verstümmeln würde.

War das alles bloss ein Zufall? Der «Einwurf eines Einfältigen», wie Hugentobler gesagt hatte? Oder hatte er Recht mit seinem Verdacht, dass gar nicht Caroline H. hinter dem Mord beim Chinagarten steckte, sondern ein Handwerker?

Caroline H. war für drei Angriffe auf Frauen verurteilt worden, zwei davon mit tödlichen Folgen. Im Urteil gab es neben den zwei Morden zahlreiche weitere Delikte, die Caroline H. zugeordnet worden waren. Das schwerste war der Mordversuch an einer 76-jährigen Buchhändlerin in der Kirchgasse in Zürich. Auch in diesem Fall waren die Ermittler zunächst im Dunkeln getappt: keine Waffen, keine Zeugen, keine Spuren. Das Opfer, das schwere Stichverletzungen im Halsbereich erlitt und nur knapp überlebte, sagte aus, sie sei von einem Mann angegriffen worden.

Es verging über ein Jahr in Untersuchungshaft, bis Caroline H. laut Urteil erstmals «indirekt Andeutungen» machte, dass sie in der Buchhandlung an der Kirchgasse eine Frau niedergestochen habe. Wenige Tage später widerrief sie das Geständnis. Und widerrief daraufhin den Widerruf. Als das Opfer befragt wurde und Caroline H. sah, dass sie lebte, erschrak sie.

«Sie sollte nicht dasitzen», sagte sie laut Urteil. «Ich bin davon ausgegangen, dass die Frau nicht mehr lebt. Sie sollte nicht herumgehen und dasitzen.»

Dann bestätigte Caroline H. doch wieder, dass sie die Buchhändlerin angegriffen hatte. Es sei ihr aber nicht um Rache gegangen, wie sie zuvor erklärt hatte. Es habe sich einfach um eine günstige Gelegenheit gehandelt. Wie bei den zwei Tötungsdelikten fusste auch in diesem Fall das Urteil einzig auf den Aussagen der geständigen Caroline H.

Hugentobler zweifelte nur in einem Fall an ihrer Täterschaft. Was änderte es, wenn Hugentoblers Verdacht richtig wäre?

Dass Caroline H. eine statt zwei Frauen getötet und eine schwer verletzt hätte? Oder gar keine?

Wer hatte Recht: Hugentobler oder alle anderen? Welcher Titel stimmte?

Jener des BLICK: «Caroline H., die gefährlichste Frau der Schweiz»?

Oder jener, den Hugentobler über seinen Aufsatz gesetzt hatte: «Caroline H. unschuldig?»

Hugentoblers Theorie

Caroline H. ist nicht unschuldig. Sie hat in ihrer Jugend über vierzig Brände gelegt. Daran gibt es keine Zweifel. Sie gestand umfassend und detailliert. Sie zeichnete der Polizei mit Kugelschreiber auf gehäuseltem Papier auf, wie sie sich etwa einem Stall näherte und ihn mit Brandbeschleuniger anzündete. Sie sammelte in einem Ordner Zeitungsberichte über ihre Brandstiftungen.

Deshalb wurde sie 1993 und 1994 zu einer mehrjährigen Zuchthausstrafe verurteilt, nur mit Glück entging sie einer Verwahrung.

Nachdem sie aus der Haft entlassen worden war, legte sie wieder Feuer: über fünfzig Mal. Auch da gibt es keine Zweifel. Der Brandermittler, dem Caroline H. die Taten gestand, hat sie Dutzende Male einvernommen und die Tatorte mit ihr erkundet. Er fuhr mit ihr durch Zürich und liess sich zeigen, welche Gebäude und Schuppen sie angezündet hatte. Sie habe dabei detailliert beschrieben, wann, wo und wie sie diese Brände gelegt hatte, sagte mir der Polizist. «Das Ziel war immer, dass sie mich an die Örtlichkeiten heranführt. Das war ganz wichtig für die Beweisführung.»

Die Polizisten seien zu zweit durch die Stadt gefahren, durch kleine Quartiersträsschen. Und plötzlich habe Caroline H. «Stopp» gerufen. Hier sei irgendwas gewesen.

«Ich kannte die Akten nicht», erzählte mir der Polizist in einem Interview. «Ich sah nur, da war ein neues oder ein saniertes Gebäude. Hinweise auf einen Brand waren keine zu sehen. Und Frau H. sagte dann: Da hinten war ein Schopf, den habe ich angezündet. Später holte ich die Akten und

sah, dass die mit ihren Aussagen übereinstimmten. Das ist uns bei sehr vielen Fällen geglückt.»
    Caroline H., die mehr als vierzigfache Brandstifterin. Aber ist sie auch eine zweifache Mörderin?

Es gab die Zweifel von Hugentobler.
    Es gab zwei Personen aus dem Justizbereich, die ebenfalls skeptisch waren.
    Es gab einen Leserbrief in der NZZ aus dem Jahr 2002.
    Es gab vereinzelt Aussagen in der Medienberichterstattung zum Fall: Der Bruder des Opfers vom Chinagarten beispielsweise sagte der SCHWEIZER ILLUSTRIERTEN, er zweifle, «ob Caroline H. wirklich die Täterin ist. Die beiden Mordfälle [im Urania-Parkhaus und beim Chinagarten] sind doch sehr verschieden.» Und Caroline H.'s ehemaliger Psychiater sagte der SONNTAGSZEITUNG über den Parkhaus-Mord, er «zweifle, ob sie diesen Mord wirklich begangen hat. Von der Entwicklung her ist dieser Mord zu früh. Er passt einfach nicht rein.»
    Und dann war da noch Caroline H. selbst: Sie hat laut Gericht nach 2004 in der Therapie von ihren Geständnissen Abstand genommen.
    Ich habe rund tausend Seiten Untersuchungsakten aus Caroline H.s erstem Gerichtsverfahren in Luzern eingesehen. (Die Einsicht in die Akten aus dem Mordprozess von 2001 wurde mir vom Obergericht Zürich und von Caroline H. verwehrt.) Was auffiel: Schon damals gab es vereinzelt Unklarheiten bei den Geständnissen. Caroline H. hatte teilweise nur vage Erinnerungen daran, wann und wo sie Brände gelegt hatte. Sie erklärte es damit, dass sie sich am Tatort schlecht

auskannte oder dass sie ob der schieren Menge an Straftaten schlicht den Überblick verloren habe.

Es gab aber auch einen Fall, wo sie eine Brandstiftung gestand, die sie wohl gar nicht begangen hat. Zumindest zweifelten die Ermittlerinnen und Ermittler an ihren Aussagen. Und später auch das Obergericht Luzern.

Bei der Polizei hatte Caroline H. eine Brandstiftung zunächst energisch bestritten, dann gestanden und am Ende wieder bestritten. Von der Polizei auf Widersprüche im Geständnis angesprochen, sagte sie bei einer Einvernahme: «Ich wüsste nicht, weshalb ich etwas zugeben sollte, was ich nicht begangen habe.»

Das Obergericht Luzern erklärte es so: Falsche Geständnisse seien «eine besonders häufige Fehlerquelle bei der Wahrheitsfindung», eine Gefahr, der insbesondere «junge, alte oder labile Beschuldigte» ausgesetzt seien.

Caroline H. habe sich stets als «wenig bewunderte Einzelgängerin» gefühlt und deshalb auffallen wollen. Die Brandstiftungen hätten «zur Stärkung ihres Selbstwertgefühls» geführt. Deshalb habe sie Artikel über ihre Brandstiftungen gesammelt (nicht aber in diesem einen Fall). Es sei «möglich, dass sie sich selbst als Täterin dieses Brandes bezeichnete, um ihr Selbstwertgefühl zu stärken». Dem Gerichtspsychiater hatte Caroline H. gesagt, dass sie «Schwerverbrecherin werden wolle».

Das Obergericht sprach Caroline H. wegen Ungereimtheiten in ihrem Geständnis in diesem Punkt frei und schrieb im Urteil, «dass die Persönlichkeitsstruktur der Angeklagten für eine Falschaussage geradezu prädestiniert» sei.

Erst gestehen, dann widerrufen – das tat Caroline H. auch bei den Tötungsdelikten in Zürich. War das ein Muster ihrer Persönlichkeit? Ein Hinweis darauf, dass sie vielleicht mindestens ein Tötungsdelikt gar nicht begangen hatte? Oder hatte ich mich zu sehr vom Verdacht eines Informanten einnehmen lassen? Bedeutete das alles am Ende gar nichts?

Ich musste mehr über die Ermittlungen gegen Caroline H. erfahren, über allfällige Momente des Zweifels. Ich brauchte Gerichtsakten, Gutachten, Zugang zu Personen, die direkt mit Caroline H. und der Strafuntersuchung zu tun hatten. Und natürlich zu Caroline H. selbst.

Aber zuerst wollte ich noch einmal mit Hugentobler reden.

Ein heisser Sommernachmittag, stickige Luft, im Büro von Hugentobler herrscht an diesem Tag grosse Unordnung.

Dem Treffen sind einige Telefonate vorausgegangen. Ich musste Hugentobler lange bitten, dass er mich noch einmal empfängt. Auch jetzt will er mir kein Interview auf Band geben. Er ist aber in seiner eigentümlichen Art bereit, mir zu diktieren, was er weiss.

Seit zwanzig Jahren sitzt Hugentobler auf einem Geheimnis und weiss nicht recht, wie er es lüften soll. Bei unserem letzten Treffen hat er mir eine Artikelserie vorgeschlagen, in der er und sein Wissen nicht vorkommen sollten. Jetzt denkt er offenbar an das Leben nach dem Tod.

«Ich könnte Sie in meinem Testament erwähnen», sagt Hugentobler.

Bei seinem Ableben würde er mir seine gesammelten Unterlagen über den Fall von Caroline H. vermachen: verschriftlichte Erinnerungen, Zeitungsartikel über die «Parkhausmörderin», ein paar Dokumente über den verdächtigen Handwerker – und einen Umschlag, den er vor zwanzig

Jahren in seinem Keller versteckt habe. Der Inhalt: ein Zigarettenstummel des Handwerkers, den er hinter dem Mord beim Chinagarten vermutete. Den habe er damals heimlich eingesteckt. «Eine DNA-Probe», sagt er.

Ich frage mich, ob ich das weitsichtig oder hilflos finden soll: Was soll der Zigarettenstummel bringen?

Doch Hugentobler will ihn mir ohnehin nicht überlassen. Erst wenn er stürbe. Ausserdem müsse er den Umschlag zuerst suchen. Und das würde eine Weile dauern. Wir kommen nicht weiter.

Hugentobler sitzt da wie der Kommissar in Friedrich Dürrenmatts «Das Versprechen» und wartet darauf, dass der wahre Mörder eines Tages doch noch auftaucht und sich seine Überzeugung in Wirklichkeit verwandelt.

Wir sitzen uns ein paar Stunden gegenüber. Er erzählt mir Details aus dem Leben des Handwerkers. Ich tippe mit. Wo er aufwuchs, wo er sich rumtrieb, mit welchen Leuten er verkehrte. Und dass er auch straffällig wurde – wegen Gewaltdelikten. Er diktiert mir, wann er den Handwerker traf, welchen Eindruck dieser hinterliess und warum er glaubt, dass dieser Mann der wahre Täter des Mordes beim Chinagarten ist.

Die Details sollen an dieser Stelle nicht genannt werden. Denn: Was ist, wenn der Handwerker nur wütend war und fantasierte, wie er jemanden töten könnte – im Konjunktiv? Was ist, wenn er zu Unrecht verdächtigt wird? Was ist, wenn Hugentobler sich täuscht?

Hugentobler erzählt mir, dass er sich schon vor zwanzig Jahren einzelnen Leuten anvertraut und sie um Rat gebeten habe.

Er fragte einen Anwalt, ob er das Gespräch mit dem Handwerker der Polizei melden sollte. Der meinte: Nein, da sei überhaupt nichts bewiesen.

«Typisch Anwalt», sagt Hugentobler.
Er fragte einen angesehenen Psychiater, der den Handwerker sehr gut kannte. Der warnte dringend: Hände weg von diesem Satan! Wenn er den melde, brauche er für den Rest seines Lebens Polizeischutz.

«Da habe ich Angst bekommen», sagt Hugentobler.

Am Schluss liess er sogar gegenüber einem Staatsanwalt durchblicken, dass der Handwerker als Täter für den Mord im Chinagarten in Frage käme. Der meinte: Der Fall sei schon fast gelöst. Und fügte lapidar an: Aber der Handwerker sei «noch nicht ganz aus dem Schneider».

«Mehr wollte er nicht sagen. Aber den Ausdruck vergesse ich nie», sagt Hugentobler.

Dann berichtet mir Hugentobler von einer späteren, zufälligen Begegnung mit dem Handwerker. Dieser war aufgebracht, weil ihn die Polizei einvernommen hatte. Er habe eine DNA-Probe abgeben müssen – wegen eines Tötungsdelikts.

«Ich erinnere mich noch genau, dass er mir das erzählte und am Ende sagte: ‹Det bin ichs nöd gsi.›»

Ich sage Hugentobler, dass das nichts beweise.

«Ich weiss. Aber es ist mir geblieben. Und es zeigt, dass die Behörden ihn im Auge hatten. Ich hatte ja einen Staatsanwalt auf diese Möglichkeit hingewiesen.»

Hugentoblers Theorie geht so: Die Strafverfolger hätten den Handwerker als Mörder vom Chinagarten verdächtigt und ihn befragt. Aber weil es keine Spuren gab, keine Beweise, sei es aussichtslos gewesen, eine Strafuntersuchung gegen ihn zu eröffnen. Als dann Caroline H. von ihren blutigen Albträumen erzählte, sei das den Ermittlern gerade recht gewesen. Den Handwerker habe man schnell wieder aus dem Kreis der Verdächtigen ausgeschlossen.

Es gibt Hinweise, die Hugentoblers Theorie zumindest in Teilen stützen: zwei Justizdokumente, die mir im Laufe meiner Recherchen zugespielt wurden.

Erstens: In einem psychiatrischen Gutachten über den Handwerker heisst es, er sei Mitte Januar 1998 von der Polizei festgenommen worden – ein Jahr nach dem Mord beim Chinagarten. Der Grund: Die Polizei wollte ihn zu zwei ungeklärten Tötungsdelikten befragen. Der Handwerker sei allerdings noch am gleichen Tag wieder aus den Untersuchungen ausgeschlossen worden. Das zeigt: Der Handwerker stand irgendwann – aus welchen Gründen auch immer und für kurze Zeit – tatsächlich wegen Tötungsdelikten im Fokus der Behörden.

Zweitens: Es gibt einen Brief des damaligen Verteidigers von Caroline H. mit einer Liste von «möglichen Tätern für den Seeparkmord». Er datiert vom 9. Juli 2003, eineinhalb Jahre nach dem Urteil. Hugentobler hatte dem Verteidiger von seinem Verdacht erzählt, dass allenfalls gar nicht Caroline H. die Mörderin vom Chinagarten sei, sondern der Handwerker X. Er wollte dem Verteidiger aber auf keinen Fall dessen Namen nennen. Also einigten sich die beiden darauf, dass der Verteidiger eine Liste mit Verdächtigen aus den Ermittlungen schicke. Hugentobler sollte nur sagen, ob der Name des Handwerkers dabei sei.

Aber: Der Name stand nicht drauf.

Wie konnte das möglich sein, fragte sich Hugentobler, wenn er doch von der Polizei befragt worden war?

Hugentobler vermutet, dass die Polizei den Namen des Handwerkers aus den Akten verschwinden liess, um keine Zweifel an der Täterschaft von Caroline H. aufkommen lassen zu müssen.

Ich halte das für eine abenteuerliche Theorie.

Allerdings zeigt der Brief etwas anderes: dass Hugentobler mit seinen Zweifeln nicht allein war. Warum sonst sollte der Anwalt von Caroline H. eineinhalb Jahre nach der Verurteilung seiner Klientin eine Liste verschicken mit möglichen alternativen Tätern aus den gleichen Ermittlungen?

Der damalige Anwalt von Caroline H. heisst Franz Ott. Er vertrat sie im Mordprozess von 2001. Ein paar Jahre später gab er sein Mandat ab. 2007 wurde Matthias Brunner vom Obergericht als amtlicher Verteidiger bestellt, ein Rechtsanwalt mit ausgezeichnetem Ruf als Strafrechtler und auch spezialisiert auf Fragen des Strafvollzugs. Franz Ott befindet sich heute im Ruhestand.

Ich habe Ott ein erstes Mal im Sommer 2016 kontaktiert. Wir trafen uns mehrfach – zu vertraulichen Hintergrundgesprächen und zu einem formellen Interview, auf Band aufgezeichnet. Ott sah sich anfangs dazu befugt. Er war der Verteidiger von Caroline H. gewesen und hatte im Rahmen seines Mandats die Erlaubnis von ihr erhalten, den Medien Auskunft zu geben.

Caroline H. hatte er kennengelernt, als sie 1998 in Zürich in Untersuchungshaft sass und verschiedene Brandstiftungen zugegeben hatte. Er nahm sie als eine einnehmende und sympathische junge Frau wahr. Gleichzeitig wurden ihr schwere Verbrechen zur Last gelegt: Brandstiftungen, Körperverletzungen – und zwei Tötungsdelikte.

Ich befragte Ott im Interview zu diesem Widerspruch, wie er sich diesen erkläre und was ihm vom Fall in Erinnerung geblieben sei. Ich stellte ihm Fragen zur dünnen Beweislage, dem Fehlen von DNA, Fingerabdrücken oder anderen Spuren, der über ein Jahr dauernden Einvernahmen, und zur damals üblichen Praxis, dass er als Verteidiger nicht anwesend war, als Caroline H. der Polizei erstmals ihre Taten gestand. Ich fragte ihn, ob sie ihm gegenüber die Geständnisse je widerrufen habe und ob er je Hinweise auf eine alternative Täterschaft erhalten hatte. Ich fragte ihn, warum er im Sommer 2003 einen Brief geschrieben hatte, in dem er der Frage nach «möglichen Tätern für den Seeparkmord» nachging.

Hatte auch Franz Ott Zweifel, dass Caroline H. eine Mörderin war?

Franz Ott beantwortete viele meiner Fragen – gestützt auf die frühere Entbindung von seinem Berufsgeheimnis. Doch dann, als er das Interview zum Gegenlesen bekam, wollte er sich noch einmal rückversichern: Müsste er vielleicht doch die Einwilligung von Caroline H. erneuern?

Er besprach sich mit seinem Nachfolger, dem Anwalt Matthias Brunner. Brunner liess ausrichten, seine Mandantin wolle nicht, dass Franz Ott sich äussere. Das Interview dürfe mit Verweis auf das Berufsgeheimnis «weder vollständig noch auszugsweise – auch nicht im Lauftext – publik gemacht werden.»

Ich meldete mich nochmals bei Ott, in der Hoffnung, dass er mir immerhin auf eine Frage antworten würde: Warum er am 9. Juli 2003, eineinhalb Jahre nach der Verurteilung seiner Mandantin und ein Jahr bevor sie in der Therapie begann, ihre Geständnisse zu widerrufen, möglichen alternativen Tätern nachgespürt habe.

Ott antwortete: Seine frühere Mandantin wolle die geplante Berichterstattung nicht. «Ich nehme sämtliche dir gegenüber gemachten Äusserungen zurück», schrieb Ott. «Und erteile dir keinerlei Autorisierung zur Publikation zu diesen Äusserungen.»

Fantasie und Wirklichkeit

Nachdem Caroline H. die Strafe für über vierzig Brandstiftungen in der Innerschweiz abgesessen hatte, zog sie im Sommer 1995 nach Zürich. Sie trat eine Lehrstelle als Elektromonteurin an und lebte in einem begleiteten Wohnheim für entlassene Straftäter. Dort lernte sie Kleinkriminelle wie Schwerverbrecher kennen. Sie war 23 Jahre alt, eine burschikose, drahtige und zutiefst unsichere Person. Wegen ihres Aussehens wurde Caroline H. häufig getriezt.

Zwei Menschen traf Caroline H. regelmässig: eine Psychotherapeutin und einen Bewährungshelfer. Die Treffen waren eine begleitende Massnahme nach ihrer Entlassung.

Vermutlich war die Therapeutin die erste Person, der Caroline H. von ihren Mordfantasien erzählte. Laut Urteil sagte sie ihrer Therapeutin im März 1998 beispielsweise, dass sie sich eine Waffe gekauft habe und andere Menschen umbringen werde. Ein halbes Jahr später sagte sie ihr, sie habe Angst davor, eine Serienmörderin zu werden.

Als Caroline H. diese Aussagen machte, waren die Delikte schon geschehen: Im Januar 1997 soll sie eine 61-jährige Passantin beim Chinagarten erstochen, im März 1998 eine 76-jährige Buchhändlerin in der Kirchgasse mit mehreren Messerstichen schwer verletzt haben – vier Tage bevor sie ihrer Therapeutin sagte, sie wolle Menschen töten.

Die Therapeutin hat sich nie öffentlich zu Caroline H. geäussert. Auch meine Interviewanfrage lehnte sie ab. Sie habe eine ärztliche Schweigepflicht, schrieb sie in einem Brief. Zudem habe sie mit Caroline H. «ganz explizit eine Abmachung» getroffen, dass sie nicht mit der Presse rede – «und zwar lebenslänglich». Als ich sie dennoch fragte, ob sie es für möglich halte, dass Caroline H. mindestens eines der Tötungsdelikte gar nicht begangen habe, brach sie den Kontakt ab.

Ihrem Bewährungshelfer erzählte Caroline H. ebenfalls von Tötungsfantasien. Sie hatte einen guten Draht zu ihm, weil er ein direkter Typ war ohne falsche Rücksichtnahme. Caroline H. mochte ihn. Sie respektierte, dass er sich nicht von ihr einschüchtern liess.

Caroline H. habe Stärke gesucht, weil sie Schwäche ablehnte – «besonders bei Frauen», schrieb der Gerichtspsychiater Andreas Frei in einer wissenschaftlichen Fallstudie.

Frei erzählte mir eine Anekdote dazu. Als er Caroline H. für den Mordprozess 2001 begutachtete, wurde er in einem ganz anderen Fall von einem Patienten brutal angegriffen. Dieser ging auf Frei los und versuchte, ihm die Augen einzudrücken. Caroline H. hatte etwa zur gleichen Zeit ebenfalls eine Pflegerin in einer Klinik angegriffen und galt als unberechenbar und gefährlich. Psychiater Frei ging also auf sie zu und sagte ihr: «Hören Sie, es gibt Leute, die sind gehemmt. Ich nicht. Sie fassen mich einmal an und ich schlage zurück.» Die Ansage wirkte. Er hatte unzählige Sitzungen mit ihr, allein, ohne Fesselung. Nie gab es Probleme.

Psychiater Frei hält die Angriffe von Caroline H. auf Pflegerinnen und Polizisten denn auch für überbewertet. Die Angriffe seien von ihr «inszeniert» gewesen. «Frau H. suchte das Image als Schwerverbrecherin», sagt Frei.

War Caroline H. so gefährlich, wie sie die Behörden hatte glauben lassen?

Ich rief den Bewährungshelfer an. Anders als die Therapeutin war er gesprächig. Er schien sich ebenfalls eine Zeit lang mit der Frage beschäftigt zu haben, ob Caroline H. wirklich das brutale Monster sein konnte, als das sie beschrieben wurde. Ich traf den Bewährungshelfer zum Interview.

Der Mann hatte Caroline H. zwischen 1996 und 1998 eng begleitet, er traf sie einmal im Monat. Im Interview beschrieb er eine ganz andere Caroline H., als sie mir bisher geschildert worden war: kein Monster, vielmehr ein armer Teufel, der mit der Welt nicht zurechtkam.

Doch als es um die Veröffentlichung seines Interviews ging, zog er – wie schon der ehemalige Verteidiger Franz Ott – plötzlich alle Aussagen zurück. Er bat mich gar, die Tonbandaufnahmen zu löschen.

«zu ihrer information», schrieb er mir in einer Mail in Kleinbuchstaben. «mein ‹rückzug› liegt weder an ihnen noch am medium republik – ich habe beides als professionell erfahren. vielmehr habe ich feststellen können, dass mein ‹O-Ton› für viele ohren zu sehr nach einem ‹spaghettiwestern a la sergio leone› klingt und daher missverstanden werden kann. Und dies wird weder den opfern, C. H. noch den weiteren involvierten personen und parteien gerecht. Insbesondere weisen meine aussagen keinen mehrwert auf bzw. enthalten keine neuen erkenntnisse betreffend besagtem kriminalfall.»

Drei Jahre lang versuchte Caroline H., ein geordnetes Leben zu führen: Sie machte eine Lehre, traf Therapeutin und Bewährungshelfer regelmässig, lernte sogar einen jungen Mann kennen, mit dem sie eine Beziehung einging. (Der Mann wurde später in den Medien als «Rütlibomber» bekannt, weil er am 1. August 2007 einen Sprengsatz auf der Rütliwiese detoniert haben lassen soll. Das Verfahren gegen ihn wurde 2011 eingestellt.)

Doch offenbar hatte Caroline H. Mühe mit dem Alltag. Sie wurde wieder straffällig, legte über fünfzig Brände in der

Stadt Zürich und Umgebung. Am Ende belief sich der Schaden auf über elf Millionen Franken.

Sie sei manchmal «wie neben den Schuhen» gestanden, sagte mir jemand, der sie damals gut kannte. Wie unter Strom sei sie mit einer Art Tunnelblick durch die Strassen gehetzt. Sie habe beispielsweise entgegenkommenden Menschen auf der Strasse nicht ausweichen können, rempelte einen um den anderen an, hetzte weiter.

«Neben den Schuhen» sei sie auch im Frühling 1998 gestanden, als sie sich wegen sadistischer Träume freiwillig in eine psychiatrische Klinik begab – aus Angst, die Fantasien würden Wirklichkeit.

In der Klinik erzählte sie nicht nur von Träumen, sondern auch von neuen Bränden, die sie wieder gelegt hatte. Sie blieb nicht lange in der Klinik. Sie brach aus, lieferte sich wieder ein – und wurde dann ins Gefängnis gebracht: Sie hatte in der Klinik einen Sicherheitsbeamten angegriffen.

Und dann, Caroline H. befand sich seit mehreren Monaten in Untersuchungshaft, erzählte sie der Polizei plötzlich von mörderischen Träumen.

Walter Felder sitzt im Büro von Marco Cortesi, dem Sprecher der Stadtpolizei Zürich, und zögert. Felder ist der Polizist, der Caroline H. überführte. Der BLICK titelte damals: «Er durchschaute die Mörderin».

Polizist Felder ist unsicher, was er sagen darf und was nicht: Amtsgeheimnis, ein alter Fall, ein unbekannter Journalist. Darum sitzt Cortesi, der Sprecher, wie ein Polizist neben ihm und passt auf, dass ich nichts Falsches frage und Felder nichts Falsches sagt.

Mit Mord und Totschlag hat Felder eigentlich nichts zu tun. Heute ist er bei der Stadtpolizei für Einbrüche zuständig. In den neunziger Jahren war er Feldweibel bei der Fachgruppe «Brände/Anschläge». So traf er auf Caroline H.: als Brandermittler, der eine Brandserie aufklären sollte.

Caroline H. war in Zürich keine Unbekannte. Bereits im Luzerner Verfahren war sie von den Zürcher Strafverfolgern verhört worden, weil sie neben den Bränden in der Innerschweiz auch in Zürich einzelne Feuer gelegt hatte. Felder war damals nicht beteiligt gewesen. Aber die Kollegen hatten ihm schon eine Ahnung davon vermittelt, was für eine Person Caroline H. war. Er ging ruhig und zurückhaltend auf sie zu.

Schon bei den ersten Einvernahmen habe Caroline H. einige Brandstiftungen gestanden, sagt Polizist Felder. Er hatte einen guten Draht zu ihr. Anders als andere Polizisten, bei denen sie blockte und bereits getätigte Aussagen widerrief. «Ich konnte ihr Vertrauen gewinnen, wodurch sie sich ein wenig öffnete.»

Felder vernahm Caroline H. über dreissig Mal. Er fuhr sie auf mindestens zwanzig Tatortfahrten. Am Ende ging es um über fünfzig Brandstiftungen. «Das Motiv war bei den Brandstiftungen natürlich immer Thema. Aber da machte sie einfach zu», sagt Felder. «Ich merkte, da gibt es ein Problem. Irgendwann sagte sie: Ich habe Albträume. Ich sagte zu ihr: Okay, dann erzählen Sie mir doch von diesen Träumen. Wir vergessen das Protokoll, sagte ich, aber ich zeichne das Gespräch auf Band auf und Sie erzählen. Damit war sie einverstanden.»

«Sie hat eine Stunde lang geredet», sagt Felder. «Sie hat regelrecht gesprudelt. Sie erzählte dabei Details, die mich stutzig machten. Sie sagte zum Beispiel, dass sie am Morgen nach einem Traum aufgewacht sei und ihre Kleidung war voller Blut. Da fragte ich: Reden Sie denn jetzt noch von einem Traum oder von der Wirklichkeit? So ging es hin und her, bis ich den Zusammenhang zu einem Tötungsdelikt erkannte. Ich ging mit den Aufnahmen zu Bezirksanwalt Edwin Lüscher. Er leitete die Untersuchung zum Tötungsdelikt beim Chinagarten. Er wurde sofort hellhörig.»

Caroline H. vertraute Felder. Darum blieb er weiter in den Fall involviert. Sie sagte bei Befragungen, sie wolle im Gefängnis bleiben, weil sie sich vor Schlimmerem fürchtete: dass sie in der Fantasie Menschen umbringe.

Laut Urteil machte Caroline H. Anfang September 1998 erste Andeutungen zu den Tötungsdelikten – «vorerst in der Form eines Traumes», wie es heisst.

Zuerst sagte sie über den Mord beim Chinagarten: Sie träume, dass sie sich in einer Parkanlage verstecke und warte, bis eine Frau allein daherkomme.

Dann sprach sie über den Mord im Urania-Parkhaus: Sie habe geträumt, dass sie in einem Parkhaus eine Frau erstochen habe.

Nach der Tatortbegehung beim Chinagarten wurde Caroline H. erneut von der Polizei befragt. Erstmals sagte Caroline H. nun, es handle sich bei ihren Träumen nicht um Fiktion, sondern um die Wirklichkeit.

«Demnach kann ich Ihre Aussagen als ein Geständnis werten», fragten die Ermittler laut Urteil.

«Ja.»

Vom ersten Geständnis bei der Polizei im September 1998 bis zur Schlusseinvernahme im April 2000 vergingen über eineinhalb Jahre. Den Mordversuch an einer Buchhändlerin aus der Kirchgasse gestand Caroline H. erst im Sommer 1999, kurz bevor Staatsanwaltschaft und Polizei vor die Medien traten und über die Morde beim Chinagarten, im Urania-Parkhaus und den Mordversuch in der Buchhandlung aufklärten. Am Tag nach der Pressekonferenz stritt Caroline H. den Mordversuch an der Buchhändlerin wieder ab: «Ich habe mich zwar dort aufgehalten und hatte auch eine Auseinandersetzung mit dieser Frau», sagte Caroline H. laut Urteil. «Aber ich habe sie nicht getötet.»

Ich frage Felder, ob er so einem Aussageverhalten oft begegnet sei.

«Es gibt die, die sagen sofort alles. Und dann gibt es die, die nur Stück für Stück rausrücken. Frau H. blockte immer, wenn es um andere beteiligte Personen ging. Da sagte sie nichts. Sie würde nie jemanden verpfeifen. Ihr ging es um sich selbst. Sie wusste, was sie getan hatte. Mehrmals sagte sie: Mich darf man nicht mehr rauslassen.»

«Hatten Sie je Zweifel an ihren Aussagen?»

«Ja, die hatte ich immer wieder. Darum wollte ich auch Details hören, die sie nicht aus der Presse haben konnte. Ich hatte diesen Gedanken im Hinterkopf: Will sich die nur wichtigmachen? Sich als Märtyrerin präsentieren? Darum war es ganz entscheidend, dass man ein Detail hörte, das nur der Täter kennen konnte.»

«Hatte sie dieses Täterwissen?»

«Ja.»

«Zum Beispiel?»

«Bei den Bränden führte sie mich an die Tatorte und zeigte mir, wie sie vorging. Und bei den Tötungsdelikten waren das die Tatwaffen. Wie sehen die aus? Passt das zum Spurenbild? Es gab Übereinstimmungen.»

Für Felder war der Fall von Caroline H. der grösste und aufreibendste seiner Karriere. «Ich ging abends nicht immer gut aus dem Büro», sagt der Polizist. «Normalerweise vergesse ich die Arbeit, wenn ich nach Hause gehe. Aber damals war das anders. In Gedanken war ich immer beim Fall.» Aufgehört habe das erst, als das Urteil des Richters fiel: schuldig. «Da habe ich den Deckel draufgemacht. Erledigt.»

Erklärung für das Unerklärliche

Caroline H. zog die Geständnisse nicht mehr zurück. Sie bestätigte ihre Aussagen bis zum Mordprozess im Dezember 2001. Nach dem Urteil nahm sie aber von den Geständnissen Abstand. Wann genau, ist unklar. Offiziell dokumentiert ist, dass sie die Tötungsdelikte ab 2004 in der Psychotherapie bestritten hat.

Zuvor, im Urteil vom Obergericht Zürich, wurde deutlich festgehalten, der psychiatrische Gutachter sehe keinen Grund, «an den Aussagen der Angeklagten zu zweifeln». Gewisse Unschärfen in den Geständnissen seien «auf den Verdrängungsprozess der Angeklagten» zurückzuführen.

Der Psychiater Andreas Frei hat Caroline H. für den Mordprozess 2001 begutachtet. Über dreissig Mal hat er sie zum Gespräch getroffen und ein 72-seitiges Gutachten verfasst. Später veröffentlichte er seine Erkenntnisse in einer Fachzeitschrift unter dem Titel «Female serial killing». Er beurteilte ihren Fall als einzigartig in der wissenschaftlichen Literatur. Sie sei eine untypische Serienmörderin.

Frei hatte in seiner Karriere immer wieder Mörder als Patienten, auch einige der bekanntesten Schweizer Schwerverbrecher hat er psychiatrisch begutachtet. «Caroline H. war ein Highlight», sagt Frei rückblickend, und er meint das nicht zynisch, sondern sehr ehrlich: «Ich verdanke dem Fall ein Stück weit meine Karriere.»

Frei besuchte Caroline H. auch nach dem Urteil weiterhin im Gefängnis. Als Privatperson, nicht als Arzt. Er habe sich dazu verpflichtet gefühlt, sagt er, als ich ihn in seiner Praxis in Luzern treffe.

«Warum?»

«Was soll ich sagen, sie hatte einen burschikosen Charme. Das entspricht meiner Vorliebe bei Menschen. Sie hat mich als Person angesprochen.»

«Sie wurde weitherum als Monster beschrieben.»

«Ich habe sie mir sehr genau angesehen, auch bei den privaten Besuchen. Einmal war ich in Hindelbank im Gefängnis und habe in ihre Augen geschaut, ganz tief, die sind so bernsteinfarben – und da dachte ich schon: das sind die Augen eines Velociraptors. Aber das fiel mir nur dieses eine Mal auf. Als ich sie intensiv für das Gutachten befragte, sah ich das nicht so.»

«Ist es gewöhnlich, dass Täter Delikte gestehen, widerrufen, bestätigen, widerrufen?», frage ich Frei.

«Nein, nicht in diesem Ausmass.»

«Wie erklären Sie dieses Verhalten von Caroline H.?»

«Ich kann das nicht erklären», sagt der Psychiater.

Die Diagnose, die er stellte und später auch in der wissenschaftlichen Fallstudie veröffentlichte, lautet: Borderline-Persönlichkeitsstörung. Caroline H. selbst erzählte im Herbst 2018 einer Reporterin der SONNTAGSZEITUNG, die sie im Gefängnis besuchen durfte, sie habe ein Asperger-Syndrom.

«Ihr Krankheitsbild ist so, dass man schon fast eine Autismusspektrumsstörung annehmen müsste», sagt Frei. «Oder eine massive frühkindliche Verwahrlosung oder Missbrauch. Aber darauf gibt es keine Hinweise. Und ich muss auch sagen: Die Diagnose, die ich gestellt habe, ist nicht einfach eine Variante. Sie besagt, dass Frau H. schwerst gestört ist. Und das heisst: in vielen Situationen nicht nachvollziehbar.»

Verstehe ich richtig: «Ihre Krankheit dient als Erklärung für das Unerklärliche?»

«Eine Borderline-Persönlichkeitsstörung ist ein Etikett. Es erklärt einen Teil, aber ganz vieles eben nicht.»

Falsche Geständnisse

Im Jahr 1989 wurde in einer US-amerikanischen Kleinstadt im Bundesstaat Nebraska eine 68-jährige Frau vergewaltigt und getötet. Drei Männer und drei Frauen gestanden, die Frau gemeinsam ermordet zu haben. Eine der geständigen Frauen kann auch drei Jahrzehnte nach der Tat in ihren Fingern spüren, wie sie damals das Kissen in der Hand hielt und die Frau erstickte.

Zwanzig Jahre lang glaubte sie, sie sei eine Mörderin. Dann bewies eine nachträgliche DNA-Untersuchung ihre Unschuld. Heute ist sie eine freie Frau.

In der Kriminologie weiss man, dass Geständnisse eine häufige Fehlerquelle sind. Es gibt Fälle, bei denen Beschuldigte ein falsches Geständnis ablegen und eine Tat derart internalisieren, dass sie irgendwann selbst glauben, sie hätten diese wirklich begangen.

Das Phänomen falscher Geständnisse kann viele Ursachen haben: suggestive Befragungen, polizeilicher Zwang, die Aussicht auf mildere Strafe. Nicht zuletzt liegen die Gründe aber in der Persönlichkeitsstruktur der Beschuldigten. Besonders junge, alte und labile Personen sind für falsche Geständnisse anfällig, Personen mit einem höheren Mass an Persönlichkeitsstörungen und Personen mit Dissozialität neigen eher dazu.

Im kriminalistischen Fachbuch *Wahre und falsche Geständnisse in Vernehmungen,* das von der Deutschen Gesellschaft für Kriminalistik ausgezeichnet wurde, heisst es: «Personen mit einer psychischen Erkrankung weisen oft Störungen der Realitätskontrolle auf. Geständige können auch aufgrund eines Irrtums der Überzeugung sein, Täter der eingeräumten Straftat zu sein.»

Caroline H. war ohne Zweifel psychisch krank. Sie suchte Bestätigung, wollte eine «Schwerverbrecherin» sein. Als Brandstifterin schnitt sie Zeitungsartikel über ihre Taten aus und sammelte sie. Sie gab sogar Brände zu, die sie nicht gelegt hatte. Das Obergericht Luzern hatte 1994 festgehalten, dass ihre «Persönlichkeitsstruktur für eine Falschaussage geradezu prädestiniert» sei.

Die Geständnisse von Caroline H. waren das einzige Beweismittel, das sie als Täterin in allen drei Fällen auswies: im Urania-Parkhaus, beim Chinagarten sowie beim Angriff auf eine Buchhändlerin in der Kirchgasse. Im Urteil heisst es jeweils: Die Anklage basiere auf dem Geständnis der Angeklagten. Die Täterschaft könne «ausschliesslich aufgrund ihrer eigenen Aussagen zugeordnet» werden. Es fehlten «in spurenkundlicher und erkennungsdienstlicher Hinsicht rechtsgenügende Nachweise für die Täterschaft.»

Allerdings waren die Aussagen von Caroline H. nicht immer eindeutig.

In der Schlusseinvernahme zum Parkhaus-Mord im Mai 1999 sagte sie, sie sei zum Tatzeitpunkt «nicht ganz da» gewesen. Deshalb wisse sie nicht, ob das Opfer seine Handtasche in der Hand oder über den Schultern getragen habe. Sie könne sich «zum jetzigen Zeitpunkt (...) nicht an den genauen Tathergang erinnern». Zum Mord beim Chinagarten konnte sie nicht mehr genau sagen, wohin sie nach der Tat ging. Oder die versuchte Tötung der Buchhändlerin in der Kirchgasse: Sie gestand, widerrief, widerrief den Widerruf. Das Gericht erkannte im Urteil von 2001 zwar «Widersprüche in Nebenpunkten» und im «Handlungsablauf», führte diese aber auf die seit den Taten vergangene Zeit und auf «Verdrängungsprozesse» zurück.

Im Zuge meiner Recherchen hatte ich immer wieder von Zweifeln an der Glaubwürdigkeit der Geständnisse gehört: Caroline H. sei suggestiv befragt worden, sie habe kaum Details nennen können, bei einer Tatortbegehung beim Chinagarten habe sie die Polizisten zu einer falschen Stelle geführt.

Nur: Das waren Gerüchte.

Dagegen standen die Aussagen von Strafverfolgern. Caroline H. habe bei den Einvernahmen eindeutig Täterwissen offenbart: Sie wusste, mit welchen Waffen die Frau im Chinagarten getötet worden war; sie wusste, dass das Opfer im Urania-Parkhaus Absatzschuhe trug und einen Autoschlüssel in der Hand hielt.

Der Gerichtspsychiater Andreas Frei sagte mir, sie habe ihre Täterschaft «eindeutig und unmissverständlich beschrieben, dass ich nie auch nur den geringsten Zweifel hatte».

Auch der damalige Gerichtspräsident Pierre Martin zweifelte nicht, dass Caroline H. zwei Menschen getötet und einen dritten schwer verletzt hatte. Sie habe den Ablauf der Morde genau geschildert, die Tatorte gekannt – «Dinge, die nur der Täter wissen konnte».

Die Untersuchung sei sehr sorgfältig geführt worden, sagte mir Richter Martin. «Es gab zahlreiche Befragungen über einen grossen Zeitraum hinweg. Sie hätte ja ein phänomenales Gedächtnis gehabt haben müssen, um über Jahre hinweg immer die gleiche Geschichte zu erzählen, ohne den roten Faden zu verlieren.»

Während des Mordprozesses im Dezember 2001 stellte sich für ihn eine andere Frage: warum die Staatsanwaltschaft Caroline H. nur der vorsätzlichen Tötung bezichtigte, nicht aber des Mordes. Der Unterschied in der strafrechtlichen Bewertung liegt darin, dass die Tat bei einem Mord besonders skrupellos sein muss. Richter Martin und seine Richterkollegen entschieden: «Es war Mord.»

Während der Recherchen wurde mir ein Brief zugespielt. Es war die Kopie eines Schreibens, das eine anonyme Absenderin an Franz Ott verschickt hatte, den damaligen Verteidiger von Caroline H. Der Brief war undatiert, kann aber aufgrund des Inhalts erst nach der Verurteilung von Caroline H. im Dezember 2001 geschrieben worden sein. Der anonymen Verfasserin, so heisst es darin, sei zu Ohren gekommen, dass das Verfahren «wegen neuer Beweismittel» einer Revision unterzogen werden sollte.

«Ich wende mich als ehemalige Mitarbeiterin der Justiz an Sie, um Ihnen einen Hinweis zu geben», heisst es in dem Schreiben voller Tippfehler. «In der Justiz und Polizei herrschte z.T. ein Unbnehagen bei der Anklage gegen die Frau. Es wurde zum Teil gemunkelt, das Geständnis sei erzwungen worden. Ich kann dies nicht näher beurteilen. (...) Ich möchte nur bez. den Mord im China Garten einen Hinweis geben betr. mögliche alternative Täterschaft.»

Es folgte eine Beschreibung von Umständen, die mir vertraut vorkamen. Es ging um einen «zurückgewiesenen gewlattätigen Liebhaber», dessen Ex-Freundin in der Nähe des Chinagartens gewohnt hatte. Der Brief nannte «gemäss Akten» Namen, Geburtsdatum und Adresse des Mannes. «In der BA [Bezirksanwaltschaft] wurde er als Verdächtiger ‹gehandelt›, da seine Gewaltausbrüche in jenen Taghe und Drohungen bekannt waren.»

Der Brief erzählte dieselbe Geschichte wie Hugentobler. Offensichtlich hatten hier zwei Personen denselben Verdacht, dass der wahre Mörder vom Chinagarten frei herumlaufe.

Es gab aber einen entscheidenden Unterschied.

Hugentobler sprach immer nur vom «Handwerker X» und wollte dessen Namen auf gar keinen Fall verraten. Im Brief war das anders. Da war nicht nur die Rede von einem anonymen «zurückgewiesenen gewalttätigen Liebhaber». Der Brief nannte einen Namen.

Auf falscher Fährte?

Caroline H. lebt seit zwanzig Jahren im Frauengefängnis Hindelbank. Man kann sie besuchen, wenn sie es zulässt. Man darf ihr Briefe schreiben, muss aber in Kauf nehmen, dass die Post geöffnet und gelesen wird. Hinter Gittern gibt es keine Geheimnisse.

Ich schrieb ihr einen Brief und formulierte ihn so direkt wie möglich – ohne Rücksicht auf die Blicke der Gefängnisdirektion. Eine Vertrauensperson hatte mir gesagt, ich müsse Caroline H. aus taktischen Gründen so klar wie möglich mitteilen, dass ich den Zweifeln an ihrer Schuld nachginge. Ich müsse ihr sogar das Gefühl geben, dass ich die Zweifel für berechtigt hielte. Dann würde sie einem Besuch vielleicht zustimmen.

Ich schrieb ihr, dass ich sie am Bezirksgericht gesehen hatte. Dass ich überrascht gewesen war, als sie dem Richter nicht sagen wollte, ob sie die Tötungsdelikte begangen habe. «Für mich klang das seltsam», schrieb ich. «Auf jeden Fall klang es nicht nach einem eindeutigen Geständnis. Die Sache hat mich nicht mehr losgelassen, und ich habe mich seither vertieft mit den Morden im Chinagarten und im Urania-Parkhaus auseinandergesetzt. Ich bin mir nicht sicher, was damals genau geschah. Aber es würde mich kaum erstaunen, wenn Sie sagen würden: Ich war das nicht. Im Gegenteil: Dann würde ich Ihnen das wahrscheinlich glauben.»

Die Antwort kam postwendend. Allerdings nicht von Caroline H., sondern von ihrem Anwalt Matthias Brunner. Sie klang anders, als ich es mir erhofft hatte: Brunner war sehr wütend.

Seine Mandantin Caroline H. habe ihn «ziemlich aufgewühlt» angerufen und ihm von meinem Brief erzählt, schrieb er mir in einer langen E-Mail. Es war für ihn «unverständlich», dass ich Caroline H. direkt angeschrieben hatte – und nicht ihn. «Irritierender ist die Tonalität und Aufdringlichkeit Ihres Schreibens». Es sei «an sich längst bekannt», dass Caroline H. «eine nicht ganz eindeutige Haltung zu den Delikten hat, für die sie verurteilt wurde».

Brunner ärgerte, dass ich schrieb, ich würde ihr wohl glauben, wenn sie die Taten bestritte. Noch mehr ärgerte ihn, dass ich seine Mandantin «so salopp» anfragte, ob die Entbindung ihres ehemaligen Anwalts Franz Ott weiterhin gelten würde, damit ich mit ihm über seine Zweifel reden könnte.

Mehrere Journalisten hätten sich schon mit Caroline H. befassen wollen – «und den Delikten (von wem auch immer begangen)». Aber ich unterschätze offenbar «die Komplexität der Situation».

«Eine nicht ganz eindeutige Haltung zu den Delikten»
«Delikte, von wem auch immer begangen»
Was schrieb Matthias Brunner da eigentlich?

Es war bemerkenswert: Egal, wen ich bei dieser Spurensuche befragte, niemand sagte, es sei komplett abwegig, die Täterschaft von Caroline H. anzuzweifeln. Offenbar auch nicht ihr Anwalt Matthias Brunner.

Auf den ersten Blick erstaunt es wenig, dass Brunner seine Mandantin so zu schützen scheint. Auf den zweiten Blick aber ist es genau das: höchst erstaunlich.

Viele meiner Gesprächspartner hatten an der Schuld von Caroline H. gezweifelt. Einige ermunterten mich, die Recherche fortzuführen. Andere sagten, die Zweifel seien wohl berechtigt, doch die Sache liege zu weit zurück und sei deshalb aussichtslos.

Niemand sagte: Vergessen Sie es, das ist eine völlig verrückte Idee. Auch Anwalt Matthias Brunner nicht. Er war offensichtlich verärgert. Aber weniger über die Zweifel, sondern über mein Vorgehen.

Ich hatte Brunner zu diesem Zeitpunkt noch nichts über meine Treffen mit Hugentobler erzählt oder vom anonymen Schreiben, das mir zugespielt worden war. Ich hatte lediglich in einem Brief an Caroline H. angedeutet, dass ich ihren Geständniswiderruf ernst nahm.

Zweifelte auch Brunner an den Geständnissen? Wie viel wusste er von Hugentobler? Wusste er über den Handwerker Bescheid?

Brunner und ich telefonierten ein paar Mal, wir trafen uns zweimal zum Gespräch, wir schrieben uns lange E-Mails. Er war über alles im Bilde: Er kannte die Aussagen von Hugentobler und war auch im Besitz des anonymen Briefs, in dem der Handwerker X verdächtigt wurde. Brunner fand meine Überlegungen sogar plausibel. Aber aus unserem Austausch entstand: nichts.

Ich wollte verschiedene Leute vom Berufsgeheimnis entbinden lassen. Das konnte nur Caroline H. tun.

Ich wollte Akteneinsicht, um herauszufinden, wie die Geständnisse zustande gekommen waren: Wie war der genaue Wortlaut gewesen? Hatte es sich um suggestive Befragungen gehandelt? Welche Details hatte sie genannt, die nur der Mörder oder die Mörderin wissen konnte?

Und dann wollte ich ein Gespräch mit Caroline H.: Warum hatte sie die Tötungsdelikte erst gestanden? Warum hatte sie die Geständnisse später widerrufen?

Und was sagte sie heute: War sie eine Mörderin – oder nicht?

Ich bekam nie einen direkten Kontakt zu Caroline H. Ihr Anwalt Matthias Brunner lehnte meine Anfragen ab. Hatte denn der Anwalt kein Interesse an der These, dass seine weggesperrte Klientin womöglich ein falsches Geständnis abgelegt haben könnte?

Brunner schrieb, er habe sich als Anwalt «ausschliesslich an den Interessen der Mandantin zu orientieren».

Offenbar waren Brunner blosse Zweifel an der Täterschaft seiner Klientin zu wenig. Er brauchte handfeste neue Beweise, um allenfalls eine Revision des Urteils zu beantragen. «Ich bin an neuen Tatsachen oder Beweismitteln sehr interessiert, mit welchen sich allenfalls ein Revisionsgesuch mit intakten Erfolgsaussichten stellen liesse», schrieb er mir in einer Mail.

Anwalt Brunner hatte in den vergangenen Jahren mit grossem Einsatz und einigem Erfolg versucht, Vollzugslockerungen für Caroline H. zu erwirken, die Massnahme einer Verwahrung in eine stationäre Therapie zu verwandeln, kurz: Caroline H. ein menschenwürdigeres Leben hinter Gittern zu ermöglichen. Voraussetzung für eine stationäre Therapie aber war, dass Caroline H. zu ihren Taten stand und in der Therapie über die Delikte redete.

Würde sie nun plötzlich gegenüber einem Journalisten behaupten, mindestens ein Tötungsdelikt nicht begangen zu haben, würde ihr Therapiewille und damit ihre Therapiefähigkeit in Frage gestellt, eine Anpassung ihrer Massnahme wohl verhindert. Brunner muss meine Spurensuche und meinen Brief an Caroline H. deshalb als störend empfunden haben. Am Telefon sagte er mir, dass er sich an «Spekulationen» zur Täterfrage nicht beteilige.

Wir überwarfen uns. Ich fand, er behindere meine Arbeit. Er schrieb, ich würde ihm Informationen verschweigen. Brunner blockte ab.

Sein Einfluss reichte so weit, dass sogar die damalige Luzerner Staatsanwältin Marianne Heer, die Caroline H. 1993 hatte verwahren wollen, plötzlich nicht mehr mit mir reden wollte. Die heutige FDP-Kantonsrichterin sagte, sie müsse zuerst Brunner fragen, ob sie mit mir reden dürfe – den heutigen Anwalt der Frau, die sie damals anklagte und verwahren wollte.

Dann sagte sie ab. Das heisst, nicht sie selbst gab Bescheid, sondern Matthias Brunner – in ihrem Namen. «Frau Heer bittet mich Ihnen mitzuteilen», schrieb Brunner im Namen der Magistratin, «dass sie für ein Interview nicht zur Verfügung stehe.»

Im Frühling 2018 scheiterte Matthias Brunner vor Bundesgericht. Caroline H. würde weiter verwahrt bleiben. Eine stationäre Therapie rückte in weite Ferne.

Würde Caroline H. jetzt mit mir reden? Mir Akteneinsicht gewähren? Schlimmer konnte es für sie ja nicht mehr kommen.

Ich täuschte mich: Caroline H. wollte nichts mit mir zu tun haben. Ihr Anwalt Matthias Brunner richtete aus, «dass sie Dritten gegenüber nicht über die der Verurteilung zugrunde liegenden Geschehnisse sprechen möchte». Sie wünsche «keine Berichterstattung, die auf längst Bekanntem sowie auf Spekulationen basiert».

Eine naheliegende Erklärung: Caroline H. ist schuldig – auch wenn sie ihre Geständnisse widerrufen hat. Sie ist die Parkhausmörderin; sie ist die Mörderin vom Chinagarten; sie ist die gefährlichste Frau der Schweiz.

Eine andere Erklärung: Der Verdacht von Hugentobler, der anonyme Brief, die Zweifel an der Glaubhaftigkeit der Geständnisse nützten ihr nichts. Das waren Indizien, aber keine Beweise. Und selbst wenn: Es hiesse nur, dass Caroline H. nicht die Mörderin vom Chinagarten war. Aber was war mit dem Mord im Urania-Parkhaus? Was mit dem Angriff auf die Buchhändlerin in der Kirchgasse? Und die Brandstiftungen? Auch wenn Caroline H. dieses eine Tötungsdelikt nicht begangen hätte, bliebe zweifelhaft, ob ihr das eine bessere Perspektive im Strafvollzug brächte.

Ich hatte in den letzten Jahren alle Zeitungsartikel, viele Gerichtsakten und einige persönliche Unterlagen von und über Caroline H. gelesen. Ich hatte Privatpersonen, Angehörige und Bekannte von Opfern, Anwältinnen, Polizisten, Psychiatern, Beamtinnen aus dem Justizvollzug, Richter befragt. Ich telefonierte mit einer dementen Bestatterin und meldete mich zu spät bei einem Staatsanwalt, der in der Zwischenzeit verstorben war. Ich hörte Verdächtigungen und Theorien. Ich fand einige Hinweise und merkwürdige Spuren. Oft landete ich in einer Sackgasse.

Ich versuchte zum Beispiel, einen Leserbriefschreiber ausfindig zu machen. Ein gewisser Armin Rosenberger aus Zürich hatte 2002, unmittelbar nachdem Caroline H. wegen Doppelmordes verurteilt worden war, in einem Leserbrief Mutmassungen darüber geäussert, dass «der Mörder» noch frei herumlaufen dürfte. Die NZZ-Leserbriefabteilung konnte mir nicht weiterhelfen, die Echtheit des Namens nicht bestätigen. Aber das Bevölkerungsamt der Stadt Zürich sagte mir, dass der einzige Armin Rosenberger, der je in der Stadt gelebt hatte, 1994 gestorben war. Der Verfasser des Leserbriefs hatte einen falschen Namen verwendet.

Je länger ich mich mit den Tötungsdelikten beschäftigte, desto stärker zweifelte ich, ob ich je eine Antwort auf meine Frage finden würde: War Caroline H. eine Mörderin?

Oder hatte mich Hugentobler auf eine falsche Fährte geführt?

Seit zwanzig Jahren hadert Hugentobler mit einem Geheimnis. Immer wieder hat er Rat gesucht, Vertrauenspersonen davon erzählt, zuletzt auch mir, ausgerechnet einem Journalisten. Hugentobler will, dass diese Geschichte erzählt wird. Er will das Geheimnis lüften.

Steckt er hinter den anonymen Schreiben: Ist er die angebliche Justizinsiderin? Ist er der Leserbriefschreiber Armin Rosenberger?

«Ich war es nicht», sagt er, als ich ihn frage. Er schüttelt den Kopf.

«Hugentobler, Sie streiten ernsthaft ab, dass Sie hinter diesen Schreiben stecken?»

«Nein, ich streite es nicht ab. Ich war es nicht.»

Handwerker X

Mord verjährt nicht, heisst es. In der Schweiz verjährt Mord aber nach dreissig Jahren. Das gilt seit 2002. Zuvor galt ein milderes Strafrecht. Mord verjährte nach zwanzig Jahren. Der Mord beim Chinagarten geschah am Abend des 22. Januar 1997, vor bald 23 Jahren. Ist diese Tat also verjährt? Könnte ein anderer Täter als Caroline H. heute überhaupt noch dafür belangt werden?

Ich habe mit mehreren Strafrechtsprofessoren über diese Frage gesprochen. Sie waren sich uneinig, ob für ein Tötungsdelikt im Januar 1997 das mildere Recht gelte, also eine Verjährungsfrist von zwanzig Jahren, oder doch das neuere, härtere Gesetz, weil zum Zeitpunkt von dessen Einführung die Straftat noch nicht verjährt war.

Vermutlich könnte der Handwerker X heute strafrechtlich nicht mehr belangt werden – falls er denn etwas mit dem Tötungsdelikt zu tun hätte.

Matthias Brunner, der Anwalt von Caroline H., hatte gesagt, es bräuchte neue Beweise, um eine Revision der Verurteilung von Caroline H. anzustreben. Neue Fakten. Neue Erkenntnisse.

Es gab Hinweise auf einen anderen mutmasslichen Täter. Ich kannte mittlerweile sogar seinen Namen. Aber wie geht man damit um, dass ein Mann des Mordes verdächtigt wird? Noch dazu in einem Fall, der so weit zurückliegt?

Mehrere Personen, die ihn sehr gut kannten, sagten, dass der Handwerker X extrem gefährlich sei, aufbrausend und impulsiv. Er war ein verurteilter Gewalttäter. Kann man bei einem offenbar unberechenbaren Mann einfach an der

Tür klingeln und fragen: Haben Sie vor über zwanzig Jahren beim Chinagarten eine Frau getötet?

Alle rieten mir davon ab.

Man könnte argumentieren, dass es ethisch fragwürdig sei, jemanden mit derartigen Vorwürfen zu konfrontieren. Man könnte auch der Ansicht sein, dass es aus Sicherheitsüberlegungen fahrlässig sei, diese Fragen an den Mann zu richten. Niemand weiss schliesslich, wie er auf so eine Konfrontation reagieren würde – wenn der Verdacht stimmte; und auch, wenn der Verdacht falsch war.

Ich zog es zunächst vor, den Mann nicht persönlich anzugehen, sondern seine einstigen Strafverteidiger.

Aus Justizunterlagen, die ich mir im Laufe der Recherchen hatte zugänglich machen können, geht hervor: Der Handwerker X war in den 1990er-Jahren Klient bei mindestens zwei Anwälten des gleichen Anwaltsbüros, in dem auch Matthias Brunner arbeitete.

Die Anwälte dieser Advokatur hatten beide vertreten: die verurteilte Caroline H. – und den verdächtigen Handwerker X.

Lag hier ein Interessenkonflikt vor?

Auf der Website der Advokatur steht, «alle Anwältinnen und Anwälte arbeiten bei uns auf selbstständiger Basis unter Beteiligung an den Unkosten der Kanzlei». Demnach handelt es sich bei der Advokatur um eine Unkostengemeinschaft; alle Anwälte arbeiten unabhängig und auf eigene Rechnung. Laut Bundesgericht besteht dabei die Gefahr einer Interessenkollision, sie ist aber nicht zwingend anzunehmen.

Ich rief die einstige Anwältin des Handwerkers X an. Sie konnte sich nicht an ihn erinnern. Auch in den elektronischen und physischen Archiven, schrieb sie mir, habe sie keine Angaben zu ihm gefunden.

Ich rief den einstigen Anwalt des Handwerkers X an. Er sagte nichts ausser: Anwaltsgeheimnis.

Mir blieb also nichts anderes übrig, als mich beim dritten Anwalt zu melden, der damals in jener Bürogemeinschaft arbeitete: Matthias Brunner selber.

Dieses Mal ging es weniger um Caroline H. Sondern vielmehr um den Handwerker X.

Ich stellte Brunner einen schriftlichen Katalog mit rund einem Dutzend Fragen zu. Einige betrafen Caroline H.: etwa, ob sie ihm gegenüber je die Geständnisse zu den Tötungsdelikten widerrufen habe.

Die meisten Fragen drehten sich aber um das anonyme Schreiben, in dem der Name einer «möglichen alternativen Täterschaft» genannt wurde: Seit wann er diesen Brief kenne, wollte ich wissen. Wie er sich als Rechtsvertreter von Caroline H. zum Inhalt äussere. Warum er mir gegenüber verschwiegen habe, dass der Handwerker X von zwei Anwälten der gleichen Advokatur vertreten wurde, in der auch er arbeitete. Ich fragte ihn, ob auch er den Handwerker vertreten habe und ob er in dieser Konstellation einen allfälligen Interessenkonflikt erkennen könne. Ich wollte wissen, ob er mit dem Handwerker je über das Tötungsdelikt beim Chinagarten oder andere Tötungsdelikte gesprochen habe. Und ich fragte, bezogen auf eine Nachricht, die er mir kürzlich geschickt hatte, was er damit andeuten wolle, dass im Fall Caroline H. «neue Entwicklungen» und «intensive Gespräche» im Gang seien.

Brunner schwieg über eine Woche lang.

Dann beantwortete er eine einzige Frage: Seit wann er Caroline H. vertrete. (Er wurde 2007 als amtlicher Verteidiger bestellt.)

Auf weitere Nachfragen schrieb er: «Die Hypothese eines Interessenkonflikts ist falsch.» Eine detaillierte Stellungnahme könne er allerdings nicht abgeben. Das Berufsgeheimnis verbiete es ihm.

Details wollte Brunner dann allerdings von mir haben: Er bat um die Namen von mehreren Quellen, die mit mir gesprochen hatten. Ich gab sie ihm nicht.

31. Oktober 2019, 10.48 Uhr: Anruf bei Handwerker X.
«Hallo», meldet sich eine männliche Stimme. Anfangs ist das Gespräch sehr freundlich. Ich erkläre dem Mann, dass ich zu Verbrechen in den Neunzigerjahren recherchiere, für die damals eine junge Frau verurteilt wurde. Dass sein Name nicht in der Berichterstattung vorkomme. Und dass er jetzt die Gelegenheit habe, seine Sicht der Dinge darzustellen.

Ziemlich bald erzählt er von seinen eigenen Erfahrungen mit der Justiz. Er berichtet von einem Konflikt, den er früher mit seiner Ex-Freundin hatte. «Ich war 131 Tage in Untersuchungshaft», sagt der Handwerker. Der Ärger darüber ist über zwanzig Jahre später noch nicht verflogen. Auch nicht über die Verteidiger, die er damals hatte. Die hätten «einen fertigen Scheissjob» gemacht: «Sozis», «Kleinkommunisten», «Halbschlaue» nennt er sie. Einer von ihnen, so erinnert er sich, sei Matthias Brunner gewesen. Später habe ein Kollege aus dem gleichen Anwaltsbüro übernommen.

«Stimmt es», frage ich, «dass Sie Mitte Januar 1998 zu zwei Tötungsdelikten befragt wurden?»

«Ja, das stimmt. Ich weiss nicht mehr ganz genau, wann. Aber die haben mich damals eingepackt.»

«Worum ging es?»

«Das eine war, dass im Parkhaus eine Frau umgebracht worden war. Und das andere war die Frau G. [das Opfer vom Chinagarten]. Das war der Hammer: Die kannte ich. Sie kaufte damals in den gleichen Läden ein wie ich. Sie wohnte in der Nähe. Sie hatte einen Buchladen.» [G. wohnte über einem Buchladen, besass aber keinen. Einen Buchladen besass hingegen das dritte Opfer.]

«Sie wurden gleich wieder entlassen. Ist das korrekt?»

«Na ja, ich bin schon eine Zeit lang gesessen. Ich hatte einen neuen Job, eine neue Wohnung, und dann standen morgens um halb sechs acht schwer bewaffnete Polizisten mit Masken und allem da, ich dachte, ich spinne. Ich war echt verunsichert.»

«Und dann?»

«Dann haben Sie mich mitgenommen. Ich wurde am nächsten Tag vor allen Leuten mit Handschellen in meine Wohnung gebracht und musste denen zeigen, wo mein Werkzeug war. Ich fragte: ‹Was suchen Sie denn?› Und sie sagten: ‹Ein Teppichmesser.› Ich glaube, diese Frau G., die wurde ja mit einem Teppichmesser geköpft. Die Täterin war diese Frau, die seit Jahren in Hindelbank sitzt. Die war das.»

«Hatten Sie etwas mit diesen Tötungsdelikten zu tun?»

«Nein, gar nichts.»

«Dann wurden Sie gleich wieder entlassen?»

«Ich kannte halt die Frau G., das Opfer. Jemand muss mich damals angeschwärzt haben. Ich weiss schon, wer.»

«Es gibt einen Brief, den eine ehemalige Mitarbeiterin der Polizei oder der Justiz geschrieben haben soll, ohne Absender, darin werden Sie verdächtigt, den Mord beim Chinagarten begangen zu haben.»

«Ja, das macht nichts, wenn die das behaupten. Eineinhalb Jahre später kam ja dann aus, dass das diese Obwaldner Brandstifterin war, die auch eine andere Frau umgebracht hatte, im Parkhaus, und eine andere fast getötet hat. Das wusste man dann. Ich habe ein sehr gutes Gewissen. Ich kann auch sehr gut schlafen.»

«Die Anschuldigung stimmt also nicht?»

«Das sollten Sie doch wissen, dass ich damit nichts zu tun habe. Es ist öffentlich bekannt, dass ich nichts damit zu tun hatte, dass das falsche Anschuldigungen waren.»

Dann scheint dem Handwerker das Gespräch lästig zu werden. «Hören Sie», sagt er abrupt. «Ich bin kein Telefonist. Entweder wir sehen uns oder wir vergessen das jetzt. Ich bin in einer Beiz, ich kann nicht stundenlang telefonieren. Wenn das einer neben mir macht, schlage ich den halb tot.»

Ich sage ihm, dass wir schon so gut wie fertig seien. Er sagt, ich könne ruhig auch seinen Namen nennen.

«Nein, das tun wir nicht.»

«Sie können meinen Namen schreiben. Ich habe nichts zu verstecken. Aber die, die mich damals angeschwärzt haben, die werde ich alle überleben. Die müssen schaurig beten, dass ich gesund bleibe. Weil wenn ich Krebs oder so habe, wenn ich weiss, in einem Jahr bin ich kaputt, dann schneide ich denen den *Grind* ab mit dem Teppichmesser. Dann können sie dann selber schauen, diese Dreckfotzen.»

Caroline H. ist heute 46 Jahre alt. Sie hat fast die Hälfte ihres Lebens hinter Gittern verbracht, in Einzelhaft, mit einer Katze als einziger Begleitung. Ist sie eine Mörderin? Ist sie die gefährlichste Frau der Schweiz? Die Zweifel daran bleiben.

Zweifel hegt nicht nur Hugentobler, Zweifel hat nicht nur eine anonyme Absenderin in einem Brief zusammengetragen. Für die Zweifel, dass sie wirklich die Mörderin ist, die sie sein wollte, hat Caroline H. auch selber gesorgt.

Einmal, es war das Jahr 1999, Caroline H. sass seit über einem Jahr in Untersuchungshaft, die Tötungsdelikte beim Chinagarten und im Urania-Parkhaus hatte sie längst gestanden, da befragte die Polizei sie zu einem dritten schweren Verbrechen: zum Angriff auf die 76-jährige Buchhändlerin in der Kirchgasse. Caroline H. hatte zunächst gestanden, kurz darauf widerrufen. Und nun sagte sie den Ermittlern einen Satz, der alles bedeutete, aber auch nichts: «Ich bin mir sicher, dass ich das gewesen bin.» Und dann: «So viel Fantasie habe nicht einmal ich.»

Am Anfang vom Ende des Schweizer Bankgeheimnisses stand Rudolf Elmer. Für die einen ist er ein politischer Held, für die anderen ein Verräter. Aufgewachsen als Arbeiterkind in einem Zürcher Industriequartier, steigt Rudolf Elmer auf zum *Chief Operating Officer* der Privatbank Julius Bär auf den Cayman Islands. Nach 15 Jahren wird er entlassen. Zwischen dem ehemaligen COO und der Privtbank entbrennt ein offener Streit, denn Elmer verlässt das karibische Steuerparadies mit einem brisanten Gepäckstück: den gesamten Kundendaten.

«Ein Tatsachenkrimi, so schnell, fettfrei und nüchtern wie eine Strassenkatze.» Constantin Seibt, TAGES-ANZEIGER
«Akribisch recherchiert.» ST. GALLER TAGBLATT

Carlos Hanimann

Elmer schert aus

Ein wahrer Krimi zum Bankgeheimnis
Klappenbroschur, 144 Seiten, 29 Franken, 26 Euro.

Er schmeisst das Gymnasium, jobbt als Hilfsarbeiter und Kuhhirt. Er lebt in Kommunen, liest anarchistische Traktate, verlässt Frau und Kind – und zieht in den bewaffneten Kampf für eine Welt ohne Herrschaft. Aus Protest gegen Atomkraftwerke sprengt er Anlagen der Elektrizitätskonzerne. Er wird drakonisch bestraft, flieht aus dem Gefängnis, taucht ab in den Untergrund. In Brusio wird ein Grenzwächter erschossen – und Camenisch in einem Indizienprozess als Täter verurteilt.

«Spannend wie ein Krimi.» NZZ AM SONNTAG
«Ein wichtiges Buch für die Schweizer Oppositionsgeschichte.» JUNGE WELT

Kurt Brandenbeger

Marco Camenisch

Lebenslänglich im Widerstand
Gebunden, 208 Seiten, 29 Franken, 27 Euro.

Die unwahrscheinliche Biografie des heute über 70-jährigen Guido T. ist ein Stück Zeitgeschichte. Die Schweiz aus der Sicht eines Bürgers, der von ganz unten kam. Guido T. verbrachte die Kindheit in einer Barackensiedlung in Zürich–Altstetten und die Jugend im Kloster Fischingen, wo er von Priestern und Lehrern missbraucht wurde. Später heuerte er als Seemann an und bereiste die Welt. Dann machte er Karriere als Einbrecher. Der Abstieg schien vorgezeichnet und doch schaffte er es immer wieder, sich aus eigener Kraft aus dem Sumpf zu ziehen.

«Eine atemberaubende Lebensgeschichte – ein fantastisches Stück Oral History.» woz

Bernhard Odehnal

Die sieben Leben des Guido T.

Gebunden, 176 Seiten, bebildert,
32 Franken, 28 Euro.

Zum Autor: Carlos Hanimann, 1982, ist Journalist in Zürich. Angefangen hat er beim ST. GALLER TAGBLATT, ab 2008 arbeitete er als Redaktor für die Wochenzeitung WOZ, seit 2018 für das digitale Magazin REPUBLIK. 2016 erschien sein erstes Buch im ECHTZEIT VERLAG: *Elmer schert aus,* ein wahrer Krimi um den Banken-Whistleblower Rudolf Elmer.

Dank: Der REPUBLIK – für den Mut, in diesen Zeiten auf echten Journalismus zu setzen; und für das Vertrauen, den Rückhalt und vor allem die nötige Zeit, um diese Geschichte aufzuschreiben, sowie für die Erstpublikation. R. für die Beratung und mehr. D., B. und D. für das Gegenlesen, die Einwände, das Schleifen. X. für die Geduld, die Unterstützung und den Halt auf glitschigen Pfaden. A. für die *bagunça,* die mich alles Unwichtige vergessen lässt.

1. Auflage 20. November 2019
Copyright © 2019 Echtzeit Verlag GmbH, Basel
Alle Rechte vorbehalten

ISBN 978-3-906807-14-0

Autor: Carlos Hanimann
Illustration auf dem Umschlag: Gregory Gilbert-Lodge
Lektorat: Markus Schneider
Korrektorat: Birgit Althaler
Gestaltung: Müller+Hess, Basel
Druck: Ebner & Spiegel, Ulm

www.echtzeit.ch

Warum über ein Verbrechen schreiben, das mehr als zwanzig Jahre zurückliegt? Warum in Kisten wühlen, die längst weggepackt wurden? Warum Antworten suchen, wo niemand eine Frage gestellt hat?

Ein Grund: Weil der Fall der sogenannten Parkhausmörderin in der Kriminalgeschichte einzigartig ist – eine Frau, die Frauen tötet. Zwei Menschen fallen der jungen Täterin zum Opfer, scheinbar grundlos und zufällig, mit Messern erstochen, zwischen den Taten liegen ein paar Jahre Abstand. Sie greift eine dritte Frau an, diese überlebt nur knapp. Sie plant, sich an einem Mann zu rächen, der sie in einem Austauschjahr erniedrigt haben soll. Sie legt Dutzende Brände. Kaum ein anderer Fall der jüngeren Kriminalgeschichte hat die Bevölkerung in der Schweiz derart bewegt und bis heute nicht losgelassen. Gerade kürzlich, im Sommer 2019, strahlte das Schweizer Fernsehen SRF wieder einen Dokumentarfilm über «die Parkhausmörderin» aus.

Ein weiterer Grund: Der Mord im Urania-Parkhaus war nicht nur der Anlass für das wohl bekannteste und am häufigsten reproduzierte SVP-Sujet: das Messerstecherplakat, auf dem eine Frau erstochen wird, verbunden mit dem Slogan «Das haben wir den Linken und den Netten zu verdanken». Der Parkhausmord hatte auch konkrete politische Folgen: Seither gibt es in Parkgaragen Frauenparkplätze.

Ein anderer Grund: Weil die verurteilte Täterin bis heute ein Rätsel aufgibt. Caroline H. ist eine Brandstifterin, die zur Serienmörderin wird. Aber ihren ersten Mord soll sie in Zürich offenbar bereits vor ihren grossen Brandstiftungen begangen haben. Sie ist damals kaum volljährig. Das Motiv für die Tötungsdelikte sei ihr Hass auf Frauen, sagte sie vor Gericht. Im Urania-Parkhaus habe sie das Klackern der Absatzschuhe einer Frau aufgebracht. Beim Chinagarten habe sie eine Frau erschrecken wollen; das Töten sei die logische Folge davon gewesen. Sie stach zu. Warum?

Ein weiterer Grund: Weil es viele merkwürdige Geschichten über Caroline H. gibt. Nicht alle sind wahr, aber einige in Justizunterlagen verbürgt. Sie war mit einem als gefährlich geltenden jungen Mann liiert, der in den Medien als «Rütlibomber» bezeichnet wurde. Die Bundesanwaltschaft konnte ihm aber nicht nachweisen, dass er am 1. August 2003 tatsächlich einen Sprengsatz gelegt hatte.

Mehrmals hat sie Wachpersonal in Gefängnis und Psychiatrie angegriffen. Darum habe anfangs im Gefängnis nur speziell ausgebildetes Personal ihre Zelle betreten dürfen. Sie lebte über fünfzehn Jahre in Isolationshaft, in einem Hochsicherheitstrakt, der einst für Terroristinnen geplant und dann für sie umgebaut worden war. Ist Caroline H. die gefährlichste Frau der Schweiz?

Aber dann sagte während der Recherchen für diesen Text einer, der sie gut kannte: «Sie war wie ein Schluck Wasser.» Jemand anderes seufzte: «Ach, die Caroline...» Ein anderer: «Sie war eine Sonne. Aber wo Licht ist, ist auch Schatten.»

So reden Leute über eine Frau, die seit beinahe zwanzig Jahren als Mörderin eingesperrt ist. Wie kann das sein? Liessen sich die Leute, die so fürsorglich von ihr reden, um den Finger wickeln?

Die merkwürdigste Geschichte aber betrifft ihre Geständnisse: Caroline H. erzählte ihrer Therapeutin und den Polizisten, sie träume davon, Frauen zu töten. Dann gestand sie, diese Frauen tatsächlich getötet zu haben. Und widerrief die Taten später in Therapie. Heute schweigt sie zu den Tötungsdelikten.

Noch ein Grund: Weil niemand in der Schweiz unter einem so harten Haftregime lebt wie Caroline H.: «Wie lebendig begraben», schrieb das NZZ FOLIO über sie. Die Isolationshaft, in der Caroline H. lebt, steht weiterum in der öffentlichen Kritik. Caroline H. ist ordentlich verwahrt, das heisst sie bleibt auf unbestimmte Zeit weggesperrt, beschäftigt aber auch in jüngster Zeit noch die Gerichte. Im Frühling 2018 lehnte das Bundesgericht ab, die Verwahrung von Caroline H. in eine stationäre Massnahme umzuwandeln: Eine deliktorientierte Therapie sei nicht möglich. «Die Rechtslage ist eindeutig», schrieb das Bundesgericht. «Im Entscheidzeitpunkt besteht keine hinreichende Wahrscheinlichkeit, dass sich mit der stationären therapeutischen Massnahme die Gefahr weiterer Straftaten deutlich verringern lässt.»

Zwei Morde, mehrfacher versuchter Mord, über fünfzig Brandstiftungen, einige Körperverletzungen und mindere Delikte gelten seit dem Urteil des Obergerichts in Zürich im Dezember 2001 als aufgeklärt. Und das ist ebenfalls ein Grund, um über den Fall von Caroline H. zu schreiben, vielleicht sogar der Wichtigste: Weil die Möglichkeit im Raum steht, dass sie mindestens ein Tötungsdelikt gar nicht verübt hat, dass sie falsche Geständnisse ablegte, dass sie die Delikte später aus diesem Grund bestritt; weil der Verdacht besteht, dass jemand anderes hinter dem Mord beim Chinagarten steckt. Und weil das alles zwangsläufig zur Frage führt, ob Caroline H. überhaupt eine Mörderin ist.